完全合格！

漢検 2級 実戦模試

高橋書店

はじめに

本書を選んでいただきありがとうございます。

この本は、**漢検2級で最短合格を目指す方のために作った予想模擬テスト集**です。最短合格できる理由は3つあります。

1．出やすい問題から対策できる

過去問を分析すると、「ほぼ毎回出る字」と「まれにしか出ない字」があるとわかります。そこで、本書では**出やすい問題だけで模擬テストを作成**しました。つまり、**掲載問題は頻出度トップランクだけ。ムダな学習ゼロの効率対策ができます。**

2．苦手分野を視覚化できる

ひとりひとりが持つ漢字の知識は違います。対策の前に今の実力をつかむことが大切です。

本書別冊の採点表を使えば、分野別の得点率が見えるようになっています。得意・不得意を知ることで、**合格までにどの分野で何点必要なのか戦略を立てられます。**

3．弱点をポイント対策できる

弱点が見つかったらその集中対策が大切。**2章の苦手克服ページでは各分野の攻略法とよく出る問題を掲載。**付属の赤シートで暗記も効率的に行えます。

この**予想模擬テスト▼苦手発見▼苦手克服のサイクルを回す**ことで、最短合格が達成できます。

漢検2級取得を目指すみなさんが、最小の努力で最大限の結果を出すために、本書が役に立てば、こんなにうれしいことはありません。健闘を祈っています。

本書の使い方

ステップ1

予想模擬テストを解く

頻出問題だけを集めた予想模擬テスト。**制限時間60分を計りながら、チャレンジ**しましょう。

わからない問題は、今は飛ばして解いてもOK。

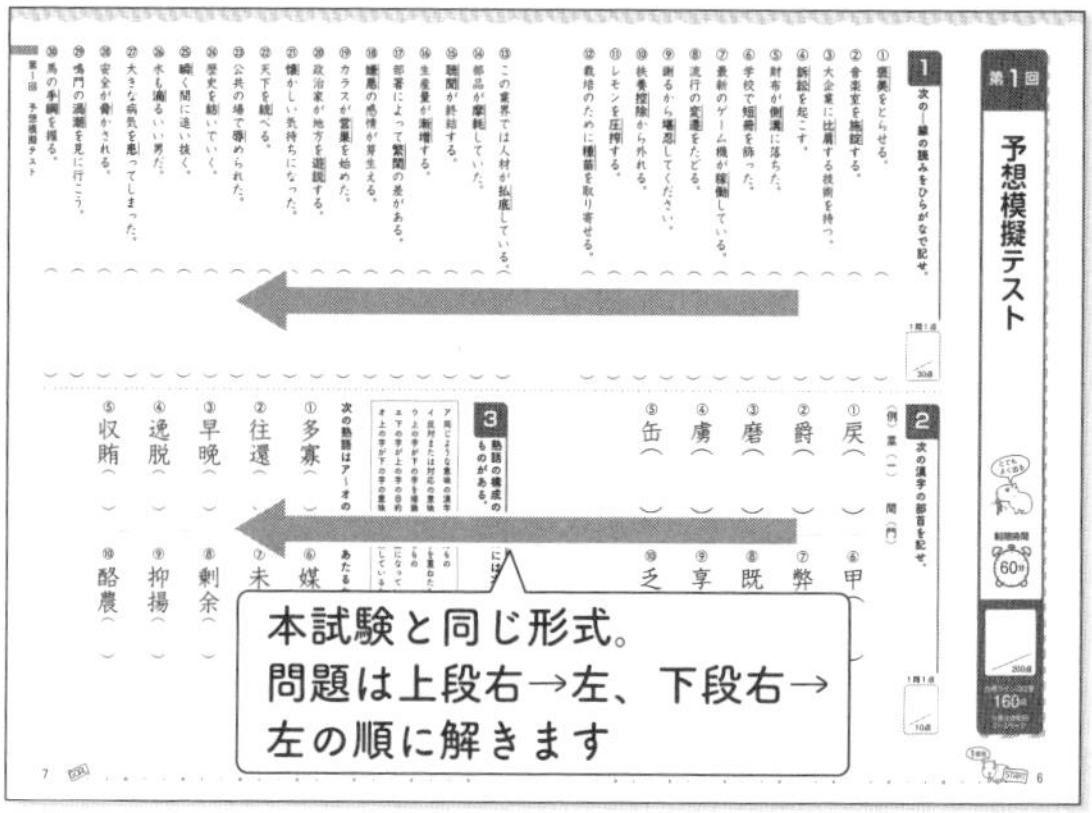
予想模擬テスト
本試験と同じ形式。
問題は上段右→左、下段右→左の順に解きます

ステップ2

別冊解答で答え合わせ

間違えた問題や飛ばした問題にはしっかりチェックを入れて復習します。
採点表を使えば、**得意・不得意も見えてきます。**

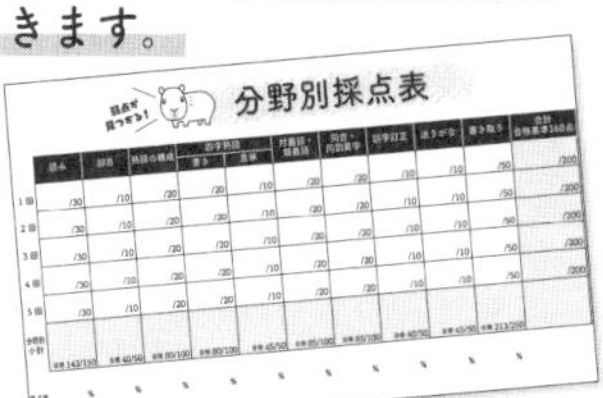
分野別採点表

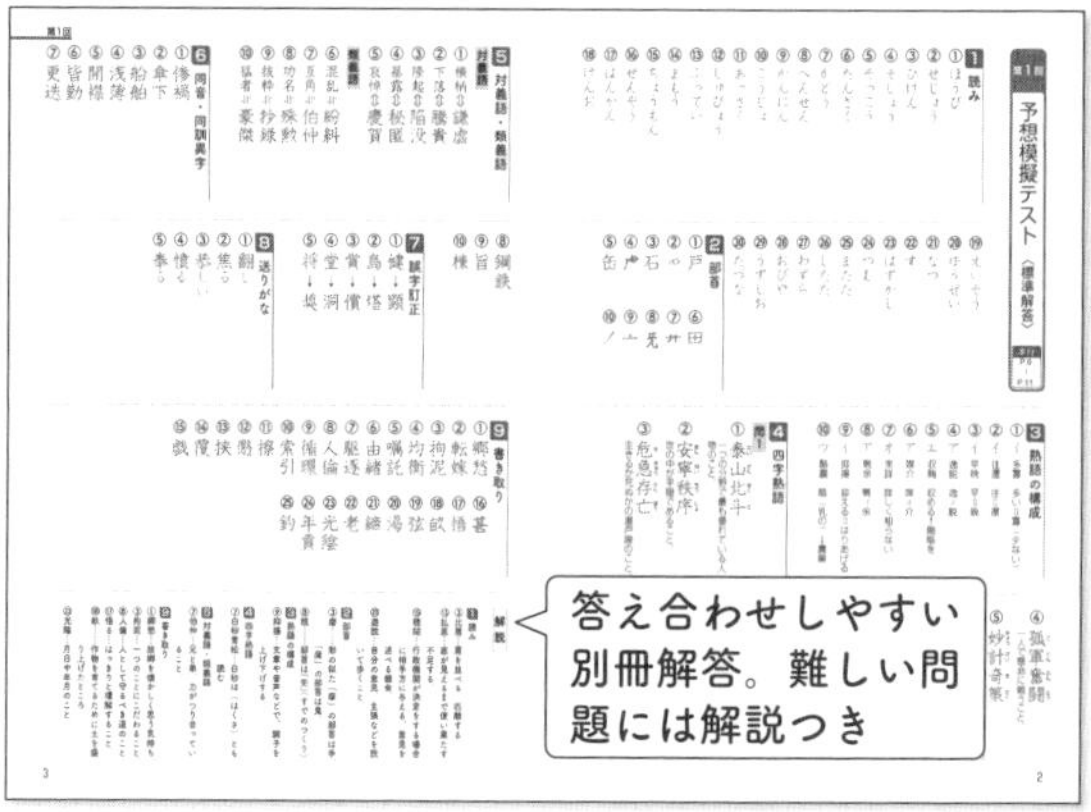
予想模擬テスト〈標準解答〉
答え合わせしやすい別冊解答。難しい問題には解説つき

ステップ3

苦手部分を集中対策

得意・不得意が見えてきたら、P97からの「苦手克服ポイント」で集中対策。これで**得点力は一気にUP**します。

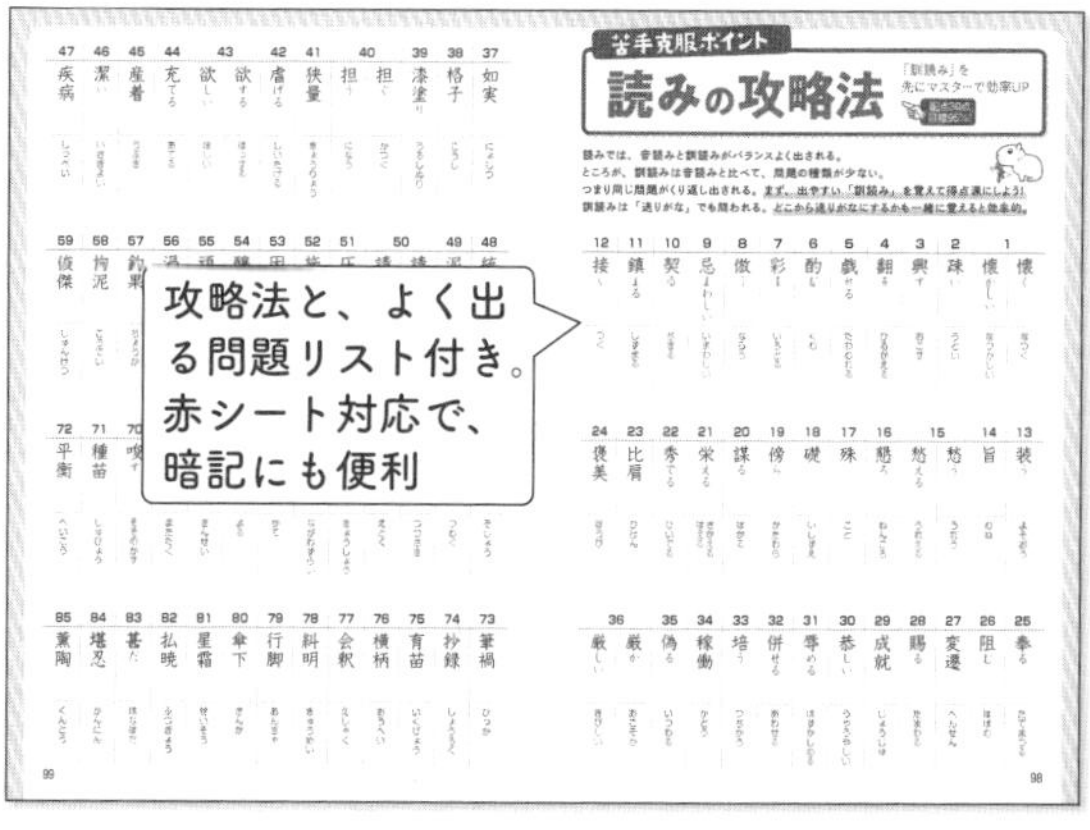
苦手克服ポイント
読みの攻略法
攻略法と、よく出る問題リスト付き。赤シート対応で、暗記にも便利

完全合格！ 漢検２級 実戦模試

1章　予想模擬テスト

2章　苦手克服ポイント

編集協力　株式会社 エディット
岡野秀夫
イラスト　水野ゆうこ
DTP　合同会社 でざいん工房
矢野目元秀
校正　株式会社 鷗来堂

1章

出る順で対策できる
予想模擬テスト15回分

模擬テストのポイント

2級の制限時間は60分
しっかり計って、時間配分を意識しよう

問題文をよく読む
記号で答えるのか、漢字を書くのか確認しよう
※実際の試験ではマークシートで答える問題もあります。

ていねいな楷書で書く
くずし字や乱雑な文字は採点の対象外になることも。
書き直すときも消しゴムできれいに消そう

わからない問題は後回し
わかる問題から解いていこう。問題を飛ばした時に
解答欄がずれてしまわないように注意

第1回 予想模擬テスト

とてもよく出る

制限時間 60分

／200点

合格ラインの目安 160点

※答えは別冊2〜3ページ

1 次の――線の読みをひらがなで記せ。

1問1点 ／30点

① **褒美**をとらせる。（　　）
② 音楽室を**施錠**する。（　　）
③ 大企業に**比肩**する技術を持つ。（　　）
④ **訴訟**を起こす。（　　）
⑤ 財布が**側溝**に落ちた。（　　）
⑥ 学校で**短冊**を飾った。（　　）
⑦ 最新のゲーム機が**稼働**している。（　　）
⑧ 流行の**変遷**をたどる。（　　）
⑨ 謝るから**堪忍**してください。（　　）
⑩ 扶養**控除**から外れる。（　　）
⑪ レモンを**圧搾**する。（　　）
⑫ 栽培のために**種苗**を取り寄せる。（　　）

2 次の漢字の部首を記せ。

〈例〉菜（艹）　間（門）

1問1点 ／10点

① 戻（　　）
② 爵（　　）
③ 磨（　　）
④ 虜（　　）
⑤ 缶（　　）
⑥ 甲（　　）
⑦ 弊（　　）
⑧ 既（　　）
⑨ 享（　　）
⑩ 乏（　　）

⑬ この業界では人材が**払底**している。（　　）
⑭ 部品が**摩耗**していた。（　　）
⑮ **聴聞**が終結する。（　　）
⑯ 生産量が**漸増**する。（　　）
⑰ 部署によって**繁閑**の差がある。（　　）
⑱ **嫌悪**の感情が芽生える。（　　）
⑲ カラスが**営巣**を始めた。（　　）
⑳ 政治家が地方を**遊説**する。（　　）
㉑ **懐**かしい気持ちになった。（　　）
㉒ 天下を**統**べる。（　　）
㉓ 公共の場で**辱**められた。（　　）
㉔ 歴史を**紡**いでいく。（　　）
㉕ **瞬**く間に追い抜く。（　　）
㉖ 水も**滴**るいい男だ。（　　）
㉗ 大きな病気を**患**ってしまった。（　　）
㉘ 安全が**脅**かされる。（　　）
㉙ 鳴門の**渦潮**を見に行こう。（　　）
㉚ 馬の**手綱**を握る。（　　）

3 熟語の構成のしかたには次のようなものがある。

1問2点　／20点

ア 同じような意味の漢字を重ねたもの（身体）
イ 反対または対応の意味を表す字を重ねたもの（左右）
ウ 上の字が下の字を修飾しているもの（洋画）
エ 下の字が上の字の目的語・補語になっているもの（着火）
オ 上の字が下の字の意味を打ち消しているもの（非常）

次の熟語はア～オのどれにあたるか、一つ選び記号を記せ。

① 多寡（　　）
② 往還（　　）
③ 早晩（　　）
④ 逸脱（　　）
⑤ 収賄（　　）
⑥ 媒介（　　）
⑦ 未詳（　　）
⑧ 剰余（　　）
⑨ 抑揚（　　）
⑩ 酪農（　　）

4 次の四字熟語について問1と問2に答えよ。

1問2点 ／20点

問1 次の四字熟語の①～⑩に入る適切な語を下の□の中から選び、漢字二字で記せ。

ア 泰山（①）
イ 安寧（②）
ウ 危急（③）
エ 孤軍（④）
オ 妙計（⑤）
カ（⑥）協同
キ（⑦）青松
ク（⑧）扇動
ケ（⑨）烈日
コ（⑩）令色

きさく
きょうさ
こうげん
しゅうそう
そんぼう
ちつじょ
はくしゃ
ふんとう
ほくと
わちゅう

6 次の――線のカタカナを漢字に直せ。

1問2点 ／20点

① 戦争の**サンカ**を目にする。（　）
② 企業の**サンカ**に入る。（　）

③ 海に**センパク**が浮かぶ。（　）
④ **センパク**な判断をする。（　）

⑤ 青い**カイキン**シャツを着る。（　）
⑥ 高校では**カイキン**賞をもらった。（　）

⑦ 問題が起きて**コウテツ**された。（　）
⑧ **コウテツ**のような硬さだ。（　）

⑨ その**ムネ**を了解した。（　）
⑩ 家を一**ムネ**建てた。（　）

問2　次の⑪〜⑮の意味にあてはまる四字熟語を問1のア〜コから一つ選び、記号で記せ。

1問2点　/10点

⑪ 人をたきつけて行動するように仕向けること。（　　）
⑫ 生きるか死ぬかの瀬戸際のこと。（　　）
⑬ 世の中が平穏であること。（　　）
⑭ 互いに心を合わせ、協力して事に当たること。（　　）
⑮ 上辺だけ整えて愛想良くする様子。（　　）

5

次の①〜⑤の対義語、⑥〜⑩の類義語を後の□の中から選び、漢字で記せ。□の中の語は一度だけ使うこと。

1問2点　/20点

対義語

① 横柄 ⇔（　　）
② 下落 ⇔（　　）
③ 隆起 ⇔（　　）
④ 暴露 ⇔（　　）
⑤ 哀悼 ⇔（　　）

類義語

⑥ 混乱 ≒（　　）
⑦ 互角 ≒（　　）
⑧ 功名 ≒（　　）
⑨ 抜粋 ≒（　　）
⑩ 猛者 ≒（　　）

かんぼつ・けいが・けんきょ・ごうけつ・しゅくん・しょうろく・とうき・はくちゅう・ひとく・ふんきゅう

7

次の各文にまちがって使われている同じ読みの漢字が一字ある。上の（　）に誤字を、下の（　）に正しい漢字を記せ。

1問2点　/10点

① 人材の不足は今や日本の企業で健在化している問題で、今後より深刻になっていくことは明らかだ。　誤（　）→正（　）
② 休暇を過ごした保養地の離島の空港で、塔乗予定の帰国便が機材故障という放送を聞き宿泊を延ばした。　誤（　）→正（　）
③ 昔からの親友がゲーム機を壊したので弁賞してもらうが、古い製品なので値段を付けることができない。　誤（　）→正（　）
④ 月の地下に巨大な空堂を発見したとの報道を見て、将来は宇宙飛行士になって月を探検したいと思った。　誤（　）→正（　）
⑤ 小さな村を襲っていた盗賊団を討伐して王様から報将金をもらい、そのお金で武器を新しく購入した。　誤（　）→正（　）

8 次の――線のカタカナを漢字一字と送りがな（ひらがな）に直せ。

1問2点　／10点

① 身を**ヒルガエシ**て逃げた。（　）

② テストの結果に**アセル**。（　）

③ **ウヤウヤシイ**お辞儀をする。（　）

④ 王様の態度に**イキドオル**。（　）

⑤ 会長に**タテマツル**。（　）

9 次の――線のカタカナを漢字に直せ。

1問2点　／50点

① **キョウシュウ**にふける。（　）

② 自分の間違いを責任**テンカ**する。（　）

③ 彼は勝ち負けに**コウデイ**する。（　）

④ 戦いの**キンコウ**が破れた。（　）

---

⑯ 価値があるのか**ハナハ**だ疑問だ。（　）

⑰ 彼の表情から全てを**サト**った。（　）

⑱ 畑に**ウネ**を立てる。（　）

⑲ 部活の練習で弓の**ツル**を張る。（　）

⑳ のどが**カワ**いてたまらない。（　）

㉑ 父がネクタイを**シ**める。（　）

㉒ 白髪で**フ**けて見える。（　）

㉓ **コウイン**矢のごとし。（　）

㉔ **ネング**の納め時だ。（　）

㉕ エビでタイを**ツ**る。（　）

⑤ **ショクタク**職員として働く。

⑥ **ユイショ**正しい家柄だ。

⑦ 害虫を**クチク**する。

⑧ **ジンリン**にもとる行為だ。

⑨ 部屋の空気を**ジュンカン**させる。

⑩ 書籍の巻末の**サクイン**を見る。

⑪ マッチを一本**ス**った。

⑫ **コ**りない奴だ。

⑬ クリップで問題用紙を**ハサ**む。

⑭ これまでの概念を**クツガエ**す。

⑮ 実家の猫と**タワム**れる。

答え合わせしたら、点数を
別冊の採点表に記入してみよう。

第2回

予想模擬テスト

1 次の——線の読みをひらがなで記せ。

1問1点 /30点

① 肺の**病巣**を摘出する。（　　）
② 彼はまだ**頑是**ない子供だ。（　　）
③ 奥義を**会得**した。（　　）
④ 妹が**横柄**な態度をとる。（　　）
⑤ 悪いうわさが**流布**されている。（　　）
⑥ 彼の**狭量**さには手を焼いている。（　　）
⑦ **平衡**感覚がくるう。（　　）
⑧ 幾**星霜**の時が過ぎた。（　　）
⑨ **崇高**な目的を達成する。（　　）
⑩ 地下に水道管を**敷設**する。（　　）
⑪ 悪事を**糾明**する。（　　）
⑫ 未来は若者の**双肩**にかかっている。（　　）

2 次の漢字の部首を記せ。

1問1点 /10点

〈例〉菜（艹）　間（門）

① 寧（　　）
② 臭（　　）
③ 栽（　　）
④ 刃（　　）
⑤ 款（　　）
⑥ 致（　　）
⑦ 武（　　）
⑧ 真（　　）
⑨ 閥（　　）
⑩ 疑（　　）

制限時間 60分

/200点

合格ラインの目安 160点

※答えは別冊4～5ページ

⑬ 夏祭りの**法被**が届いた。（　　）

⑭ **湖沼**で釣りをする。（　　）

⑮ このままでは資源が**枯渇**する。（　　）

⑯ 非常召集で**徹宵**させられる。（　　）

⑰ **富裕**層向けの商品を展開する。（　　）

⑱ 書類に**押印**する。（　　）

⑲ 道が**碁盤**の目のように走っている。（　　）

⑳ 友人の危機を救おうと**狂奔**した。（　　）

㉑ 裁判の評決が**翻**る。（　　）

㉒ お酒を**酌**み交わす。（　　）

㉓ 先輩の教えに**倣**って掃除する。（　　）

㉔ 球技の中でも**殊**に野球が好きだ。（　　）

㉕ 行く手を**阻**む。（　　）

㉖ 推しのアイドルに**貢**ぐ。（　　）

㉗ 君は**忌**むべき存在だ。（　　）

㉘ 彼は力を**欲**している。（　　）

㉙ 国の行く末を大いに**憂**える。（　　）

㉚ 辞世の句を**詠**む。（　　）

3 熟語の構成のしかたには次のようなものがある。

1問2点　／20点

ア 同じような意味の漢字を重ねたもの（身体）
イ 反対または対応の意味を表す字を重ねたもの（左右）
ウ 上の字が下の字を修飾しているもの（洋画）
エ 下の字が上の字の目的語・補語になっているもの（着火）
オ 上の字が下の字の意味を打ち消しているもの（非常）

次の熟語はア～オのどれにあたるか、一つ選び記号を記せ。

① 争覇（　　）
② 折衷（　　）
③ 巧拙（　　）
④ 擬似（　　）
⑤ 公僕（　　）
⑥ 旋風（　　）
⑦ 浄財（　　）
⑧ 誓詞（　　）
⑨ 奇遇（　　）
⑩ 愚痴（　　）

4 次の四字熟語について問1と問2に答えよ。

問1 次の四字熟語の①～⑩に入る適切な語を下の□の中から選び、漢字二字で記せ。

1問2点　／20点

ア 精進（①）
イ 群雄（②）
ウ 厚顔（③）
エ 軽挙（④）
オ 比翼（⑤）
カ （⑥）万里
キ （⑦）顕正
ク （⑧）兼行
ケ （⑨）万丈
コ （⑩）湯池

うんでい
かっきょ
きえん
きんじょう
けっさい
ちゅうや
はじゃ
むち
もうどう
れんり

6 次の――線のカタカナを漢字に直せ。

1問2点　／20点

① 夫が妻の**フヨウ**に入る。（　）
② 景気の**フヨウ**策を考える。（　）
③ 施設に**キョヒ**を投じる。（　）
④ その申し出を**キョヒ**する。（　）
⑤ 空港で**ケンエキ**を受ける。（　）
⑥ 自らの**ケンエキ**を守る。（　）
⑦ 早寝早起きを**ショウレイ**する。（　）
⑧ 病の**ショウレイ**を報告する。（　）
⑨ 水の中で**モ**草が静かに揺れる。（　）
⑩ **モ**中はがきを出した。（　）

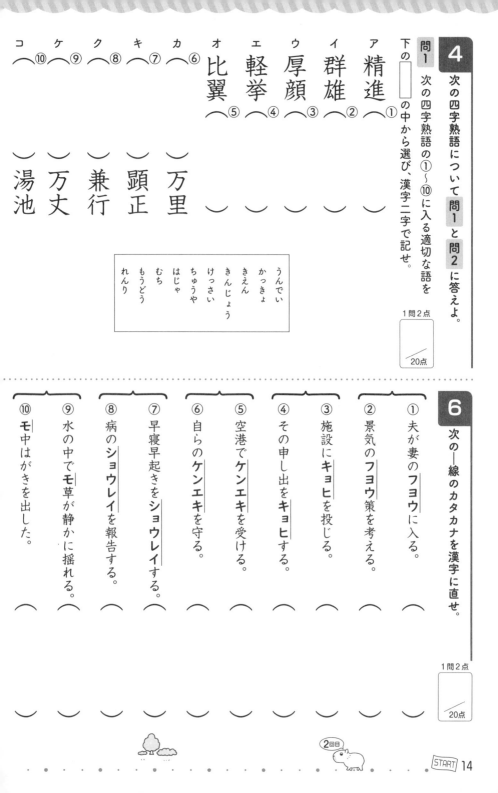

問2　次の⑪～⑮の意味にあてはまる四字熟語を**問1**のア～コから一つ選び、記号で記せ。

1問2点　／10点

⑪ 意気込みが盛んである様子。（　　）

⑫ とても大きな差があること。（　　）

⑬ 男と女が仲むつまじいこと。（　　）

⑭ 誤った考えを倒して正しい考えを示すこと。（　　）

⑮ 遠慮がなく他人の迷惑を一切考えないこと。（　　）

5

次の①～⑤の対義語、⑥～⑩の類義語を後の□の中から選び、漢字で記せ。□の中の語は一度だけ使うこと。

1問2点　／20点

対義語

① 祝賀⇔（　　）

② 混乱⇔（　　）

③ 威圧⇔（　　）

④ 暫定⇔（　　）

⑤ 率先⇔（　　）

類義語

⑥ 面倒＝（　　）

⑦ 湯船＝（　　）

⑧ 無口＝（　　）

⑨ 奮戦＝（　　）

⑩ 貧乏＝（　　）

あいとう・かいじゅう・かもく・かんとう・こうきゅう・こんきゅう・ちつじょ・ついずい・やっかい・よくそう

7

次の各文にまちがって使われている同じ読みの漢字が一字ある。上の（　）に誤字を、下の（　）に正しい漢字を記せ。

1問2点　／10点

① 今年の夏休みの自由研究で一学期に先生が出す宿題の賓度を調べたが、思いのほか多いことが分かった。
誤（　　）→正（　　）

② あのモンスターには策敵能力があるので、発見されないように注意しながら遠距離から攻撃すべきだ。
誤（　　）→正（　　）

③ 昨日山奥で発生した重大な事件の操査のために、人海戦術で多くの警察官が現場に駆り出された。
誤（　　）→正（　　）

④ 友達と灰屋での肝試しに参加したとき、背後に気配を感じて振り返った途端、友達が走って逃げ出した。
誤（　　）→正（　　）

⑤ 散歩のときに交通事故に巻き込まれたが、相手が過失を認めないので、最終的に訴証にまで発展した。
誤（　　）→正（　　）

8 次の――線のカタカナを漢字一字と送りがな（ひらがな）に直せ。

1問2点　／10点

① 服の流行に**ウトイ**。

② これは**マギラワシイ**がレプリカだ。

③ 陰謀を**クワダテル**。

④ **アワタダシイ**朝だ。

⑤ ワナに**オトシイレル**。

9 次の――線のカタカナを漢字に直せ。

1問2点　／50点

① 結果が**ニョジツ**に表れる。

② **ボンノウ**だらけだ。

③ 友達の**ベンギ**を図る。

④ おつかいの**ダチン**をもらう。

⑯ 修学旅行で京都に**オモム**く。

⑰ 不良に**カラ**まれた。

⑱ 私の**カタワ**らには猫がいる。

⑲ **カラ**いものは苦手だ。

⑳ **イツク**しみの心を持つ。

㉑ **オロシネ**で売る。

㉒ 体力が**オトロ**えた。

㉓ **コウジン**の至り。

㉔ 裁判で**コクビャク**をあらそう。

㉕ 計画の一翼を**ニナ**う。

⑤ 生徒の下校後に**モンピ**が閉まる。

⑥ 部活中に**ヨウツウ**になる。

⑦ 数字を**ラレツ**する。

⑧ 瓶を**シャフツ**消毒する。

⑨ 寺院を**コンリュウ**する。

⑩ 戦いで物資が**フッテイ**しだした。

⑪ 受験勉強を**ナマ**ける。

⑫ かたつむりの**カラ**は硬い。

⑬ 試験に**イド**む。

⑭ 海鮮定食に**シタツヅミ**を打つ。

⑮ 姉の勉強を**サマタ**げる。

何回か採点表に点数を書き込むと
自分の弱点が見えてくるよ。

第3回

予想模擬テスト

制限時間 60分

／200点

合格ラインの目安 160点

※答えは別冊6〜7ページ

1 次の――線の読みをひらがなで記せ。

1問1点　／30点

① 日本の三大**疾病**を学ぶ。（　　）
② **因循**な先生を軽べつする。（　　）
③ 今や**沖天**の勢いだ。（　　）
④ 我が家の**愛猫**はとてもかわいい。（　　）
⑤ 運動会で各クラスが**角逐**する。（　　）
⑥ お寺で**断食**体験をした。（　　）
⑦ グラスは**煮沸**消毒しましょう。（　　）
⑧ **均斉**のとれた体になりたい。（　　）
⑨ **払暁**と言っていい時間帯だ。（　　）
⑩ 水に手を入れて**渦紋**を描いた。（　　）
⑪ 彼は時代の**傑物**だ。（　　）
⑫ 昔の**筆禍**事件を調べてみよう。（　　）

2 次の漢字の部首を記せ。

1問1点　／10点

〈例〉 菜（艹）　間（門）

① 軟（　　）
② 瓶（　　）
③ 亭（　　）
④ 亜（　　）
⑤ 弔（　　）
⑥ 殉（　　）
⑦ 帥（　　）
⑧ 尼（　　）
⑨ 克（　　）
⑩ 辞（　　）

⑬ 今年は芸能人の**醜聞**が絶えない。（　　）
⑭ 魔術の**秘奥**をお見せしよう。（　　）
⑮ 街路樹を**植栽**する。（　　）
⑯ 生徒を**薫陶**する。（　　）
⑰ 送料は**頒価**に含まれる。（　　）
⑱ 米国と比べて日本の国土は**狭小**だ。（　　）
⑲ まだ時期**尚早**だ。（　　）
⑳ 学会のために**抄録**を書く。（　　）
㉑ 先生のご意見を**賜**る。（　　）
㉒ **漆塗**りの皿を買う。（　　）
㉓ 悪いことを**唆**された。（　　）
㉔ おばあちゃんの梅干しは**酸**っぱい。（　　）
㉕ 不満を言う生徒を**諭**す。（　　）
㉖ 国の**礎**になる。（　　）
㉗ 近所の子どもと**戯**れる。（　　）
㉘ しょうゆを**醸**す。（　　）
㉙ 演奏会でピアノを**奏**でる。（　　）
㉚ 彼が約束を守れるか**甚**だ疑問だ。（　　）

3 熟語の構成のしかたには次のようなものがある。

1問2点　／20点

ア 同じような意味の漢字を重ねたもの（身体）
イ 反対または対応の意味を表す字を重ねたもの（左右）
ウ 上の字が下の字を修飾しているもの（洋画）
エ 下の字が上の字の目的語・補語になっているもの（着火）
オ 上の字が下の字の意味を打ち消しているもの（非常）

次の熟語はア～オのどれにあたるか、一つ選び記号を記せ。

① 叙勲（　　）
② 罷業（　　）
③ 衆寡（　　）
④ 享楽（　　）
⑤ 露頭（　　）
⑥ 任免（　　）
⑦ 脚韻（　　）
⑧ 渉猟（　　）
⑨ 分析（　　）
⑩ 還元（　　）

4 次の四字熟語について**問1**と**問2**に答えよ。

問1 次の四字熟語の①～⑩に入る適切な語を下の[ ]の中から選び、漢字二字で記せ。

1問2点 /20点

ア 主客（①）
イ 森羅（②）
ウ 酒池（③）
エ 唯唯（④）
オ 延命（⑤）
カ （⑥）粛正
キ （⑦）不抜
ク （⑧）乱麻
ケ （⑨）一刻
コ （⑩）牛後

かいとう
けいこう
けんにん
こうき
しゅんしょう
そくさい
だくだく
てんとう
にくりん
ばんしょう

6 次の―線のカタカナを漢字に直せ。

1問2点 /20点

① 円が**トウキ**する。（ ）
② 不法**トウキ**を取り締まる。（ ）
③ 双子の顔が**コクジ**している。（ ）
④ 選挙の日程を**コクジ**する。（ ）
⑤ **ソウレツ**な最期を遂げる。（ ）
⑥ **ソウレツ**を組んで墓地まで送る。（ ）
⑦ 取引先の**シャオン**会に参加する。（ ）
⑧ カーテンの**シャオン**性が高い。（ ）
⑨ 船の**ホ**を張って進む。（ ）
⑩ 実るほど頭を垂れる稲**ホ**かな。（ ）

問2 次の⑪～⑮の意味にあてはまる四字熟語を**問1**のア～コから一つ選び、記号で記せ。

1問2点　／10点

⑪ いろいろなトラブルを鮮やかに解決すること。（　）
⑫ 立場などの順序を逆にすること。（　）
⑬ 他人の意見に逆らわず言いなりになること。（　）
⑭ 小さな組織でもトップになったほうがいいこと。（　）
⑮ 世の中に存在するありとあらゆるもの。（　）

5

次の①～⑤の対義語、⑥～⑩の類義語を後の□の中から選び、漢字で記せ。□の中の語は一度だけ使うこと。

1問2点　／20点

対義語

① 老巧 ⇔（　）
② 偉大 ⇔（　）
③ 汚濁 ⇔（　）
④ 名誉 ⇔（　）
⑤ 褒賞 ⇔（　）

類義語

⑥ 死亡 ＝（　）
⑦ 永遠 ＝（　）
⑧ 縁起 ＝（　）
⑨ 昼寝 ＝（　）
⑩ 根絶 ＝（　）

ごすい・せいきょ・せいちょう・ちじょく・ちせつ・ちょうばつ・ぼくめつ・ぼんよう・ゆいしょ・ゆうきゅう

7

次の各文にまちがって使われている同じ読みの漢字が一字ある。上の（　）に誤字を、下の（　）に正しい漢字を記せ。

1問2点　／10点

① 近年では化学工場などから排出された有害な水などが海や土情を汚染し、深刻な問題になっている。 誤（　）→正（　）

② あの魔法使いはさまざまなモンスターを誘合してより凶悪にし、近隣の村や町を襲わせている張本人だ。 誤（　）→正（　）

③ 今日の夕飯の根立は麻婆豆腐の予定だったが、弟のテストの点数がよかったのですき焼きに変更された。 誤（　）→正（　）

④ 今年の夏休みを利用して新型県の名所旧跡を巡ろうと、新幹線を使って一週間の旅行企画を立てた。 誤（　）→正（　）

⑤ 温室効果ガスを策減するために、学校でも夏休み明けからエアコンの設定温度を一度上げることになった。 誤（　）→正（　）

8 次の――線のカタカナを漢字一字と送りがな（ひらがな）に直せ。

1問2点

/10点

① 犬が母に**ナツク**。（　　）
② 空を**オオウ**雲。（　　）
③ 学校と道路を**ヘダテル**壁がある。（　　）
④ 打撃フォームを**タメル**。（　　）
⑤ 別れを**オシム**。（　　）

9 次の――線のカタカナを漢字に直せ。

1問2点

/50点

① テニスゲームで**ザンパイ**した。（　　）
② **ヒョウロウ**が尽きてしまった。（　　）
③ **ソウゴン**な宮殿を建てる。（　　）
④ 父親が**デイスイ**して帰ってきた。（　　）
⑯ ダイヤモンドを**クダ**く。（　　）
⑰ 工夫を**コ**らす。（　　）
⑱ 水道管から水が**モ**れる。（　　）
⑲ **スズ**のついたストラップを買う。（　　）
⑳ 相手にも**ク**むべき事情がある。（　　）
㉑ 今は**カセ**ぎ時だ。（　　）
㉒ **イヤ**らしい手を使ってくる。（　　）
㉓ 豚に**シンジュ**とはこのことだ。（　　）
㉔ **ウ**き目に遭う。（　　）
㉕ 小敵と見て**アナド**るなかれ。（　　）

⑤ **リンリ**観が欠如している。（　　）

⑥ 攻撃で地面が**カンボツ**した。（　　）

⑦ 会社と**ホウカツ**契約を結ぶ。（　　）

⑧ 夢と現実が**コウサク**する。（　　）

⑨ 条約を**テッパイ**する。（　　）

⑩ **ハッショウ**の地を訪れる。（　　）

⑪ 目が**ジュウケツ**した。（　　）

⑫ やり場のない**イキドオ**りに震える。（　　）

⑬ 先生に怒られた友達を**ナグサ**める。（　　）

⑭ **タツマキ**に遭遇する。（　　）

⑮ 家から**ニセサツ**が見つかった。（　　）

苦手なジャンルが分かったら、
本書の2章で克服しよう。
トイレにコピーを貼ったり、
スマホに写真を保存しておくのも
おすすめ。

第4回 予想模擬テスト

制限時間 60分

／200点

合格ラインの目安 160点

※答えは別冊8～9ページ

1 次の——線の読みをひらがなで記せ。

1問1点 ／30点

① 片想いが**成就**した。（　　）
② その人の性格は顔に**如実**に表れる。（　　）
③ 今日の**釣果**を披露する。（　　）
④ 彼は小さなことに**拘泥**している。（　　）
⑤ 自前の鉢で**育苗**する。（　　）
⑥ すれ違う人に**会釈**を返す。（　　）
⑦ 戸籍**抄本**を取り寄せる。（　　）
⑧ 私はエジソンに**私淑**している。（　　）
⑨ 横暴な彼は恐怖の**権化**だ。（　　）
⑩ 山の空気はとても**清澄**だ。（　　）
⑪ 彼は科学に**通暁**している。（　　）
⑫ 友人と**一献**傾ける。（　　）

2 次の漢字の部首を記せ。

1問1点 ／10点

〈例〉菜（艹）　間（門）

① 賓（　　）
② 耗（　　）
③ 衷（　　）
④ 韻（　　）
⑤ 丹（　　）
⑥ 面（　　）
⑦ 者（　　）
⑧ 夢（　　）
⑨ 威（　　）
⑩ 隷（　　）

⑬ 夜行性の動物は明け方に**帰巣**する。（　　）
⑭ ある地域の人口の**多寡**を調査する。（　　）
⑮ 土地の**広狭**に応じて徴税する。（　　）
⑯ 他国の政府と**借款**を取り決めた。（　　）
⑰ たびたび**悪寒**がする。（　　）
⑱ 公的**扶助**制度を活用する。（　　）
⑲ **群青**の海を眺める。（　　）
⑳ 今年の収穫量は**逓減**すると思う。（　　）
㉑ 春の**装**いで出かける。（　　）
㉒ 彼は粗暴でいつも**疎**まれている。（　　）
㉓ **栄**えある賞を受ける。（　　）
㉔ **偽**の情報をつかまされる。（　　）
㉕ ホースの**筒先**を上げる。（　　）
㉖ 彼は**長患**いをしている。（　　）
㉗ 王が国民を**虐**げる。（　　）
㉘ 彼女の**麗**しい歌声に聞き入る。（　　）
㉙ 子の**過**ちを正す。（　　）
㉚ 角を**矯**めて牛を殺す。（　　）

3 熟語の構成のしかたには次のようなものがある。

1問2点　／20点

ア 同じような意味の漢字を重ねたもの（身体）
イ 反対または対応の意味を表す字を重ねたもの（左右）
ウ 上の字が下の字を修飾しているもの（洋画）
エ 下の字が上の字の目的語・補語になっているもの（着火）
オ 上の字が下の字の意味を打ち消しているもの（非常）

次の熟語はア〜オのどれにあたるか、一つ選び記号を記せ。

① 弾劾（　　）
② 寛厳（　　）
③ 禍福（　　）
④ 未来（　　）
⑤ 懐郷（　　）
⑥ 殉難（　　）
⑦ 無窮（　　）
⑧ 及落（　　）
⑨ 核心（　　）
⑩ 環礁（　　）

4 次の四字熟語について問1と問2に答えよ。

問1 次の四字熟語の①～⑩に入る適切な語を下の□の中から選び、漢字二字で記せ。

1問2点　／20点

ア 百八（①）
イ 枝葉（②）
ウ 詩歌（③）
エ 怒髪（④）
オ 気宇（⑤）
カ（⑥）豪傑
キ（⑦）自重
ク（⑧）蛇尾
ケ（⑨）滑脱
コ（⑩）貫徹

いんにん　えいしゅん　えんてん　かんげん　しょうてん　しょし　そうだい　ぼんのう　まっせつ　りゅうとう

6 次の——線のカタカナを漢字に直せ。

1問2点　／20点

① お寺が**ジョウザイ**を募る。（　）
② もらった**ジョウザイ**を飲む。（　）
③ **コウショウ**な考えを持つ。（　）
④ 政府との**コウショウ**を始める。（　）
⑤ 母の**キュウセイ**は田中だ。（　）
⑥ 叔父が**キュウセイ**した。（　）
⑦ **ユウキュウ**の時が流れる。（　）
⑧ **ユウキュウ**休暇を使う。（　）
⑨ スリッパを**ハ**く。（　）
⑩ 庭を**ハ**く。（　）

問2 次の⑪～⑮の意味にあてはまる四字熟語を**問1**のア～コから一つ選び、記号で記せ。

1問2点　/10点

⑪ 物事がすらすらと進んでいくこと。（　　）

⑫ これ以上ないほどに怒ること。（　　）

⑬ 詩や歌を詠んだり楽器を演奏すること。（　　）

⑭ 人間が経験するさまざまな迷いや苦しみのこと。（　　）

⑮ 憤りを抑えて軽はずみな行動をしないこと。（　　）

5

次の①～⑤の**対義語**、⑥～⑩の**類義語**を後の□の中から選び、漢字で記せ。□の中の語は一度だけ使うこと。

1問2点　/20点

対義語

① 巧妙⇔（　　）

② 高遠⇔（　　）

③ 任命⇔（　　）

④ 欠乏⇔（　　）

⑤ 進出⇔（　　）

類義語

⑥ 残念≒（　　）

⑦ 歴然≒（　　）

⑧ 堪忍≒（　　）

⑨ 譲歩≒（　　）

⑩ 筋道≒（　　）

いかん・かんべん・けんちょ・じゅうそく・せつれつ・だきょう・てったい・ひきん・ひめん・みゃくらく

7

次の各文にまちがって使われている同じ読みの漢字が一字ある。上の（　）に誤字を、下の（　）に正しい漢字を記せ。

1問2点　/10点

① 書類の記載誤りを頻発したことで生徒会の支持率が下がってしまったので、書記は厄病神扱いされている。　誤（　　）→正（　　）

② 今回の市町村合平は地方自治体の姿を模索するうえで意義深く、人口格差の解決に寄与するだろう。　誤（　　）→正（　　）

③ 学生時代に吹奏楽の大会で上位入賞したときに贈訂された記念品が、居間の棚に整然と並んでいる。　誤（　　）→正（　　）

④ 今回の裁判では、被告人に更生の余地があるため、懲役三年、執行遊予五年の判決が言い渡された。　誤（　　）→正（　　）

⑤ 昼休みになると、学校中の生徒が数量限定のカツサンドを求めて講買に押し寄せるのが恒例になっている。　誤（　　）→正（　　）

8 次の――線のカタカナを漢字一字と送りがな（ひらがな）に直せ。

1問2点　／10点

① 日常で感じた言葉を**ツムグ**。（　　）

② **マタタク**間に時がたつ。（　　）

③ 君は**ヒイデタ**才能を持っている。（　　）

④ 彼を**オビヤカス**存在になる。（　　）

⑤ これはとても**シブイ**お茶だ。（　　）

9 次の――線のカタカナを漢字に直せ。

1問2点　／50点

① 工場の**ユウチ**に乗り出す。（　　）

② 要望を**カイダク**する。（　　）

③ お坊さんにお**フセ**を渡す。（　　）

④ 結婚を**ケイキ**に禁煙した。（　　）

⑯ 運動会で**ツナ**を引く。（　　）

⑰ 必死に表情を**ツクロ**う。（　　）

⑱ 台風で木が**ユ**れている。（　　）

⑲ 戦争は**オロ**かな行為だ。（　　）

⑳ シャツの**シ**みを抜く。（　　）

㉑ 町で**ウデキ**きの職人を集める。（　　）

㉒ 兄の発言を**サエギ**る。（　　）

㉓ **リョウユウ**並び立たず。（　　）

㉔ 勝ってかぶとの**オ**を締めよ。（　　）

㉕ **エリ**を正して話を聞く。（　　）

⑤ 学校で**ケイコウ**ペンが禁止された。（　　）
⑥ 君の**コンタン**は分かっている。（　　）
⑦ 歌で観衆を**ミリョウ**する。（　　）
⑧ 彼は**ジュウナン**な対応ができる。（　　）
⑨ 川の**カッスイ**の原因を探る。（　　）
⑩ **センタク**物は部屋干し派だ。（　　）
⑪ 兄の性格は父に**コクジ**している。（　　）
⑫ 危ない雰囲気を**カモ**し出す。（　　）
⑬ 物陰に**ヒソ**む。（　　）
⑭ 待ち合わせに遅れそうで**アセ**る。（　　）
⑮ アルバイトで生活費を**マカナ**う。（　　）

2級の合格ラインは160点。
準2級の合格ライン（140点）より
上がっているよ。
丁寧に苦手をつぶしていこう。

第5回 予想模擬テスト

制限時間 60分

200点

合格ラインの目安 160点

※答えは別冊10〜11ページ

1 次の――線の読みをひらがなで記せ。

1問1点　30点

① **格子**窓から空が見える。（　　）
② 世界に貢献できる**俊傑**を目指す。（　　）
③ 名産品を求めて全国を**行脚**する。（　　）
④ 敵対組織の**傘下**に入る。（　　）
⑤ 役場に戸籍**謄本**をとりに行く。（　　）
⑥ あの絵を高値で買う**好事家**もいる。（　　）
⑦ 父が**早暁**から出かけていった。（　　）
⑧ 政府の**枢要**な地位に就く。（　　）
⑨ 水の底に**汚泥**がたまる。（　　）
⑩ **旋風**を巻き起こす。（　　）
⑪ **褒賞**を授与する。（　　）
⑫ 同僚から**詰問**される。（　　）

2 次の漢字の部首を記せ。

1問1点　10点

〈例〉菜（艹）　間（門）

① 泰（　　）
② 斉（　　）
③ 畝（　　）
④ 彰（　　）
⑤ 幾（　　）
⑥ 丙（　　）
⑦ 囚（　　）
⑧ 了（　　）
⑨ 淑（　　）
⑩ 崇（　　）

⑬ 学校近くの池は**緑青**色をしている。（　　）
⑭ **衆寡**敵せずだから降参しよう。（　　）
⑮ **製靴**店の場所を尋ねる。（　　）
⑯ **奔流**にのまれる。（　　）
⑰ 狩りのために山を**渉猟**する。（　　）
⑱ 彼を**教唆**して書類を改ざんさせた。（　　）
⑲ 白い**開襟**シャツを購入する。（　　）
⑳ 状況について**逐次**報告する。（　　）
㉑ 新たな文明が**興**った。（　　）
㉒ 花が庭に**彩**りを添える。（　　）
㉓ **謀**りごとを打ち明ける。（　　）
㉔ **愁**いを帯びた目をしている。（　　）
㉕ 学校で**培**った技術を生かして働く。（　　）
㉖ 彼はとても**潔**い。（　　）
㉗ 母に許しを**請**う。（　　）
㉘ 他人を罪に**陥**れる。（　　）
㉙ 新人が経験不足なことは**否**めない。（　　）
㉚ 会話が**筒抜**けだ。（　　）

3 熟語の構成のしかたには次のようなものがある。

1問2点　／20点

ア　同じような意味の漢字を重ねたもの（身体）
イ　反対または対応の意味を表す字を重ねたもの（左右）
ウ　上の字が下の字を修飾しているもの（洋画）
エ　下の字が上の字の目的語・補語になっているもの（着火）
オ　上の字が下の字の意味を打ち消しているもの（非常）

次の熟語はア～オのどれにあたるか、一つ選び記号を記せ。

① 点滅（　）
② 忍苦（　）
③ 享受（　）
④ 貴賓（　）
⑤ 広漠（　）
⑥ 叙情（　）
⑦ 遵法（　）
⑧ 需給（　）
⑨ 疎密（　）
⑩ 座礁（　）

4 次の四字熟語について問1と問2に答えよ。

問1 次の四字熟語の①～⑩に入る適切な語を下の[ ]の中から選び、漢字二字で記せ。

1問2点 ／20点

ア 懇切（①）
イ 会者（②）
ウ 禍福（③）
エ 多岐（④）
オ 面目（⑤）
カ （⑥）堅固
キ （⑦）妥当
ク （⑧）充棟
ケ （⑨）冬扇
コ （⑩）飽食

かろ　かんぎゅう　しそう　じょうり　だんい　ていねい　とくそう　ふへん　ぼうよう　やくじょ

6 次の——線のカタカナを漢字に直せ。

1問2点 ／20点

① 負けじと**オウシュウ**する。（　）
② 証拠を**オウシュウ**する。（　）
③ **シュコウ**を凝らした料理。（　）
④ その意見は**シュコウ**しかねる。（　）
⑤ **ユウシ**鉄線を張る。（　）
⑥ 他国に無担保で**ユウシ**する。（　）
⑦ 世界の**ハケン**を握る。（　）
⑧ 社員を**ハケン**する。（　）
⑨ 仏像を**ホ**る。（　）
⑩ 村に井戸を**ホ**る。（　）

問2 次の⑪～⑮の意味にあてはまる四字熟語を**問1**のア～コから一つ選び、記号で記せ。

1問2点　／10点

⑪ 自分の考え方を一貫して守ること。（　　）
⑫ 出会った人との別れは避けられないこと。（　　）
⑬ その時期に合わない必要のないもの。（　　）
⑭ 世間の評判にふさわしい実力を発揮すること。（　　）
⑮ 人生にはいい時もあれば悪い時もあること。（　　）

5

次の①～⑤の対義語、⑥～⑩の類義語を後の□の中から選び、漢字で記せ。□の中の語は一度だけ使うこと。

1問2点　／20点

対義語

① 愛護⇔（　　）
② 尊敬⇔（　　）
③ 潤沢⇔（　　）
④ 真実⇔（　　）
⑤ 富裕⇔（　　）

類義語

⑥ 祝福≒（　　）
⑦ 公表≒（　　）
⑧ 荘重≒（　　）
⑨ 調和≒（　　）
⑩ 脅迫≒（　　）

いかく・ぎゃくたい・きょぎ・きんこう・けいが
けいぶ・げんしゅく・こかつ・ひろう・ひんきゅう

7

次の各文にまちがって使われている同じ読みの漢字が一字ある。上の（　）に誤字を、下の（　）に正しい漢字を記せ。

1問2点　／10点

① 昨晩は遅くまで読書をしていたので、カーテンで日光を射断して午睡をしていたところ母に起こされた。
誤（　　）→正（　　）

② 戦国時代は領地拡大のために戦が頻発した時代であったため、合戦で荘絶な最期を遂げた武将も多い。
誤（　　）→正（　　）

③ ビジネスの現場では時に刃速な判断が求められるので、的確に対処できるように経済について勉強しよう。
誤（　　）→正（　　）

④ 入学式に遅刻しないように昨日はわざと鉄夜して登校したが、それが裏目に出て式の最中に寝てしまった。
誤（　　）→正（　　）

⑤ 相手チームの戦力を分斥したところ、外野手の守備に穴があったので、強打で攻める作戦をとった。
誤（　　）→正（　　）

8 次の――線のカタカナを漢字一字と送りがな（ひらがな）に直せ。

1問2点　／10点

① 勘違いもハナハダシイ。

② あの人はお金にイヤシイ。

③ パーティーの費用をマカナウ。

④ 王様が国をスベル。

⑤ 間違いを優しくサトス。

9 次の――線のカタカナを漢字に直せ。

1問2点　／50点

① 友達と海でチョウカを競う。

② チュウシンより哀悼の意を表する。

③ 彼女は社長レイジョウだ。

④ 経費をサクゲンする。

⑯ 新しいタタミを注文する。

⑰ レストランに肉をオロす。

⑱ シャツをヌう。

⑲ 電車のアミダナに荷物を置く。

⑳ ウヤウヤしい態度で臨む。

㉑ 無理をしては体にサワる。

㉒ 生徒達はよく学びカっよく遊ぶ。

㉓ 沈黙は金、ユウベンは銀だ。

㉔ サイゲツ人を待たず。

㉕ タカはウえても穂を摘まず。

⑤ 裁判官にジヒを求める。（　　）

⑥ レイセツを重んじる。（　　）

⑦ 借金のサイソクをする。（　　）

⑧ コウリョウとした大地を歩く。（　　）

⑨ 発想のテンカンで解決した。（　　）

⑩ 世界キョウコウが起きる。（　　）

⑪ 夫婦のチギりを結ぶ。（　　）

⑫ 神にかけてチカう。（　　）

⑬ 彼を兄のようにシタう。（　　）

⑭ 顔がホテる。（　　）

⑮ 二学期の成績がカンバしくない。（　　）

2級の試験範囲は常用漢字2136字。
ただし新出漢字は196字で準2級の
新出漢字333字よりだいぶ少ないんだ。

第6回 予想模擬テスト

よく出る

制限時間 60分

／200点

合格ラインの目安 160点

※答えは別冊12～13ページ

1 次の——線の読みをひらがなで記せ。

1問1点 ／30点

① 国立国会図書館に**献本**する。（　　）
② ウイスキーの製造に**泥炭**を使う。（　　）
③ 時代の**好尚**に合わせる。（　　）
④ 部署内で**適宜**休暇を取る。（　　）
⑤ モンスターの**甲殻**を砕く。（　　）
⑥ 学校で出た意見を**概括**する。（　　）
⑦ 飲酒運転を**撲滅**する。（　　）
⑧ 政府が**直轄**する機関で働く。（　　）
⑨ 温泉宿に**湯治**に行く。（　　）
⑩ **福音**を多くの人に伝える。（　　）
⑪ **墨汁**をこぼしてしまった。（　　）
⑫ 人工**透析**を受ける。（　　）

2 次の漢字の部首を記せ。

1問1点 ／10点

〈例〉菜（艹）　間（門）

① 甚（　　）
② 窯（　　）
③ 再（　　）
④ 我（　　）
⑤ 丘（　　）
⑥ 貢（　　）
⑦ 項（　　）
⑧ 虞（　　）
⑨ 旋（　　）
⑩ 唇（　　）

6回目

⑬ **虚空**を見つめる。（　　）
⑭ **紙幣**を発行する。（　　）
⑮ 二人は**犬猿**の仲だ。（　　）
⑯ プールの水を**浄化**する。（　　）
⑰ 朝から**覇気**がない。（　　）
⑱ 書類を**封筒**に入れる。（　　）
⑲ 彼は**強肩**の外野手だ。（　　）
⑳ 全く同じ**境涯**に置かれる。（　　）
㉑ 神事で霊を**鎮**める。（　　）
㉒ あの二人は**懇**ろな間柄だ。（　　）
㉓ 漢字の辞書を**傍**らに置く。（　　）
㉔ **厳**かに卒業式が進んでいく。（　　）
㉕ 私にとってゲームは心の**糧**だ。（　　）
㉖ 町がどんどん**廃**れていく。（　　）
㉗ 彼は常識の**枠**に収まらない人だ。（　　）
㉘ カメラのレンズを**磨**く。（　　）
㉙ 最近はめっきり**涼**しくなった。（　　）
㉚ 道路わきの**溝**に落ちた。（　　）

3 熟語の構成のしかたには次のようなものがある。

1問2点　／20点

ア 同じような意味の漢字を重ねたもの（身体）
イ 反対または対応の意味を表す字を重ねたもの（左右）
ウ 上の字が下の字を修飾しているもの（洋画）
エ 下の字が上の字の目的語・補語になっているもの（着火）
オ 上の字が下の字の意味を打ち消しているもの（非常）

次の熟語はア～オのどれにあたるか、一つ選び記号を記せ。

① 隠顕（　　）
② 殉教（　　）
③ 叙景（　　）
④ 無尽（　　）
⑤ 未聞（　　）
⑥ 繊細（　　）
⑦ 贈賄（　　）
⑧ 紡績（　　）
⑨ 免疫（　　）
⑩ 去就（　　）

4 次の四字熟語について問1と問2に答えよ。

問1 次の四字熟語の①～⑩に入る適切な語を下の□の中から選び、漢字二字で記せ。

1問2点　／20点

ア 合従（①）
イ 内疎（②）
ウ 朝令（③）
エ 勇猛（④）
オ 妖言（⑤）
カ（⑥）落日
キ（⑦）一紅
ク（⑧）同舟
ケ（⑨）虎皮
コ（⑩）兼利

がいしん
かかん
ごえつ
こじょう
はんあい
ばんりょく
ぼかい
ようしつ
れんこう
わくしゅう

6 次の――線のカタカナを漢字に直せ。

1問2点　／20点

① 部活動で体が**ヒロウ**している。（　）
② 母にドレス姿を**ヒロウ**する。（　）

③ 秋の**ケイコク**の写真を撮る。（　）
④ 危険を**ケイコク**する。（　）

⑤ 逃げた猫を**ソウサク**する。（　）
⑥ 物語の**ソウサク**に打ち込む。（　）

⑦ 危機的状況から**セイカン**する。（　）
⑧ 事態を**セイカン**する。（　）

⑨ 味を**シ**める。（　）
⑩ ボルトを**シ**める。（　）

問2 次の⑪〜⑮の意味にあてはまる四字熟語を**問1**のア〜コから一つ選び、記号で記せ。

1問2点　／10点

⑪ 全ての人を愛して公平に利益を分け合うこと。（　）
⑫ 多数の中で一つだけ優れたものがあること。（　）
⑬ 同じ目標のために敵味方が力を合わせること。（　）
⑭ 昔の勢いがなくなって頼りなくなること。（　）
⑮ いい加減なことを言って人を混乱させること。（　）

5

次の①〜⑤の**対義語**、⑥〜⑩の**類義語**を後の□の中から選び、漢字で記せ。□の中の語は一度だけ使うこと。

1問2点　／20点

対義語

① 純白 ⇔（　）
② 特殊 ⇔（　）
③ 明瞭 ⇔（　）
④ 陳腐 ⇔（　）
⑤ 喪失 ⇔（　）

類義語

⑥ 順次 ＝（　）
⑦ 熟知 ＝（　）
⑧ 変遷 ＝（　）
⑨ 指揮 ＝（　）
⑩ 丈夫 ＝（　）

あいまい・えんかく・かくとく・がんけん・さいはい・ざんしん・しっこく・ちくじ・つうぎょう・ふへん

7

次の各文にまちがって使われている同じ読みの漢字が一字ある。上の（　）に誤字を、下の（　）に正しい漢字を記せ。

1問2点　／10点

① 民事訴訟記録はだれでも閲覧可能だが、頭写は事件の当事者か利害関係人であると認められた場合に限る。　誤（　）→正（　）

② 風邪は、ウイルスが粘膜から感染することにより、鼻水、せき、発熱などの消状が起こる。　誤（　）→正（　）

③ 子供の登校許否に悩む家庭が増えていることを受けて、学校では対策として定期的な面談を実施する予定だ。　誤（　）→正（　）

④ 結納とは、結婚に向けて両家が共同で行う婚約の議式のことで、古くから続く伝統的な習慣である。　誤（　）→正（　）

⑤ 野菜嫌い刻服のために焼き菓子にトマトを練り込んだところ評判が良かったので、新作を検討している。　誤（　）→正（　）

8 次の―線のカタカナを漢字一字と送りがな（ひらがな）に直せ。

1問2点 ／10点

① 権力者から**シイタゲ**られる。（　　）

② 瓶に梅干しを**ツケル**。（　　）

③ 身内の不幸を**ナゲク**。（　　）

④ ゴムを**ノバス**。（　　）

⑤ いたずらっ子を**コラシメル**。（　　）

9 次の―線のカタカナを漢字に直せ。

1問2点 ／50点

① 島に**ヒョウチャク**する。（　　）

② 車が**ショウトツ**した。（　　）

③ 彼は**キョウリョウ**な人間だ。（　　）

④ **キッサ**店に入ろう。（　　）

⑯ フライパンの**フタ**を取る。（　　）

⑰ **オオマタ**で歩く。（　　）

⑱ 経験を**ツチカ**う。（　　）

⑲ ヤリの**ホサキ**が折れた。（　　）

⑳ 土鍋でご飯を**タ**く。（　　）

㉑ そりで**スベ**る。（　　）

㉒ 今は**ナ**き友をしのぶ。（　　）

㉓ 肝に**メイ**じる。（　　）

㉔ 進退**キワ**まる。（　　）

㉕ 新しい酒は新しい**カワブクロ**に盛れ。（　　）

⑤ **ドジョウ**汚染が深刻だ。（　　）

⑥ 会社の**サイケン**を回収する。（　　）

⑦ 各地を**ホウロウ**する。（　　）

⑧ **マイゾウ**金を探す。（　　）

⑨ 世間から**カクゼツ**された地域だ。（　　）

⑩ 彼女の出演を**ショウダク**する。（　　）

⑪ **センボウ**のまなざしで見る。（　　）

⑫ カイコの**マユ**から糸を繰る。（　　）

⑬ お**ホリ**に住む魚を眺める。（　　）

⑭ 父に**ナグ**られた。（　　）

⑮ 学校の**カネ**が鳴る。（　　）

熟語の構成は記号問題で1問2点のおいしい分野。慣れれば簡単だから満点を目指そう。

第7回 予想模擬テスト

よく出る

制限時間 60分

／200点

合格ラインの目安 160点

※答えは別冊14〜15ページ

1 次の——線の読みをひらがなで記せ。

1問1点 ／30点

① **風霜**にさらされたポスト。（　　）
② 一人暮らしで**懐郷**病になった。（　　）
③ 気温に**雲泥**の差がある。（　　）
④ 彼は**凡庸**な人物だ。（　　）
⑤ 戦争の**災禍**から逃れる。（　　）
⑥ 公約を**履行**する。（　　）
⑦ **思索**にふける。（　　）
⑧ **功徳**を積んで立派な人間になる。（　　）
⑨ 自由になることを**渇望**する。（　　）
⑩ 地方に**遷都**する。（　　）
⑪ 寄生虫が伝染病を**媒介**する。（　　）
⑫ 首相が**閣僚**を激しく非難する。（　　）

2 次の漢字の部首を記せ。

1問1点 ／10点

〈例〉菜（艹）　間（門）

① 喪（　　）
② 献（　　）
③ 準（　　）
④ 吏（　　）
⑤ 鼓（　　）
⑥ 窃（　　）
⑦ 斥（　　）
⑧ 徹（　　）
⑨ 勅（　　）
⑩ 辣（　　）

⑬ **脱臭**剤を部屋に置く。（　　）
⑭ 柔道の特訓で技を**練磨**する。（　　）
⑮ **渓流**で釣りをする。（　　）
⑯ **曖昧**な返答しか返ってこない。（　　）
⑰ 相手に対して**憎悪**を抱く。（　　）
⑱ 議会が**紛糾**する。（　　）
⑲ 父が**凶刃**に倒れた。（　　）
⑳ うわさの**真偽**を確かめる。（　　）
㉑ 固く**契**りを結ぶ。（　　）
㉒ 一芸に**秀**でる者は多芸に通ず。（　　）
㉓ 地震に**因**る被害を確認する。（　　）
㉔ **宵**越しの銭は持たない。（　　）
㉕ ガムがなくなって口が**寂**しい。（　　）
㉖ 花の傷んだ**茎**を切る。（　　）
㉗ 記憶が**定**かではない。（　　）
㉘ 今日の夜は**蛍**を観賞する。（　　）
㉙ お盆に**漆**を塗る。（　　）
㉚ この件は**表沙汰**にしてはならない。（　　）

3 熟語の構成のしかたには次のようなものがある。

1問2点　／20点

ア 同じような意味の漢字を重ねたもの	（身体）
イ 反対または対応の意味を表す字を重ねたもの	（左右）
ウ 上の字が下の字を修飾しているもの	（洋画）
エ 下の字が上の字の目的語・補語になっているもの	（着火）
オ 上の字が下の字の意味を打ち消しているもの	（非常）

次の熟語はア～オのどれにあたるか、一つ選び記号を記せ。

① 慶弔（　　）
② 親疎（　　）
③ 扶助（　　）
④ 懇請（　　）
⑤ 河畔（　　）
⑥ 隠蔽（　　）
⑦ 模擬（　　）
⑧ 仙境（　　）
⑨ 霊魂（　　）
⑩ 破戒（　　）

4 次の四字熟語について問1と問2に答えよ。

問1 次の四字熟語の①〜⑩に入る適切な語を下の□の中から選び、漢字二字で記せ。

1問2点　／20点

ア 小心（①）
イ 率先（②）
ウ 孤立（③）
エ 読書（④）
オ 粗製（⑤）
カ（⑥）来歴
キ（⑦）猛虎
ク（⑧）砕身
ケ（⑨）自在
コ（⑩）皆伝

かせい かんきゅう こじ すいはん ひゃっぺん ふんこつ むえん めんきょ よくよく らんぞう

6 次の――線のカタカナを漢字に直せ。

1問2点　／20点

① 日本各地のコショウをめぐる。（　）
② 地名をつけてコショウする。（　）
③ 業務イカンの知らせを受ける。（　）
④ この対応は極めてイカンである。（　）
⑤ 警察が彼をケンキョした。（　）
⑥ 彼はケンキョな人柄だ。（　）
⑦ シフクを肥やす。（　）
⑧ シフクのひとときを過ごす。（　）
⑨ ツバメのスができた。（　）
⑩ 料理にスを入れる。（　）

7回目　START

問2 次の⑪～⑮の意味にあてはまる四字熟語を**問1**のア～コから一つ選び、記号で記せ。

1問2点　/10点

⑪ だれよりも先頭に立って手本を示すこと。（　）

⑫ 気弱でいつもおどおどしているさま。（　）

⑬ 師匠が弟子にすべてを教え、道を修めること。（　）

⑭ 難解な文章でも何度も読めば理解できること。（　）

⑮ 民衆に厳しい政治は虎よりも恐ろしいこと。（　）

5

次の①～⑤の対義語、⑥～⑩の類義語を後の□の中から選び、漢字で記せ。□の中の語は一度だけ使うこと。

1問2点　/20点

対義語

① 多弁 ⇔ （　）

② 固辞 ⇔ （　）

③ 賢明 ⇔ （　）

④ 粗雑 ⇔ （　）

⑤ 払底 ⇔ （　）

類義語

⑥ 貧困 ≒ （　）

⑦ 堅持 ≒ （　）

⑧ 我慢 ≒ （　）

⑨ 死去 ≒ （　）

⑩ 展示 ≒ （　）

あんぐ・かいだく・かもく・きゅうぼう・じゅんたく・たかい・ちみつ・ちんれつ・にんたい・ぼくしゅ

7

次の各文にまちがって使われている同じ読みの漢字が一字ある。上の（　）に誤字を、下の（　）に正しい漢字を記せ。

1問2点　/10点

① 近年危険という理由で公園から遊具が鉄去され子どもが集まらなくなり、園内は閑散としている。　誤（　）→正（　）

② 貯金して集めた大量の硬貨を紙丙に両替するには、窓口に持っていき手数料を支払う必要がある。　誤（　）→正（　）

③ 書類に央印するなどの簡単な作業は、社会人ならだれしも経験があるが、面倒だと感じている人も多数いる。　誤（　）→正（　）

④ 生徒会長が団上で熱弁をふるっている最中だが、昨夜遅くまで勉強をしていたために激しい睡魔に襲われている。　誤（　）→正（　）

⑤ 江水による被害を軽減するため、自治体では堤防の設置や浸水予想区域図の作成などの対策がとられている。　誤（　）→正（　）

8 次の――線のカタカナを漢字一字と送りがな（ひらがな）に直せ。

1問2点　／10点

① 会話を**サエギル**ことはしない。（　　）
② 国旗を**カカゲル**。（　　）
③ 機嫌を**ソコネル**。（　　）
④ 地面に**フセル**。（　　）
⑤ 美人は三日で**アキル**。（　　）

9 次の――線のカタカナを漢字に直せ。

1問2点　／50点

① 医師会の**ジュウチン**に会う。（　　）
② **コウバイ**意欲をかき立てる。（　　）
③ 体育で彼に**ヒケン**する者はいない。（　　）
④ 領主から**サクシュ**される。（　　）

⑯ 手が**コゴ**えて動かない。（　　）
⑰ 髪を**カワ**かす。（　　）
⑱ 海に**クジラ**を見にいく。（　　）
⑲ **クズ**れた石垣を直す。（　　）
⑳ つぶらな**ヒトミ**をしている。（　　）
㉑ **ミジ**めな結果に終わった。（　　）
㉒ 指を**クチビル**に当てる。（　　）
㉓ **シブ**柿の長もち。（　　）
㉔ やぶをつついて**ヘビ**を出す。（　　）
㉕ 水は方円の**ウツワ**にしたがう。（　　）

⑤ 貴史君は**ソウケン**な子だ。（　　）

⑥ **オンビン**に済ませる。（　　）

⑦ パン作りに適した**コウボ**を探す。（　　）

⑧ 既成**ガイネン**にとらわれる。（　　）

⑨ 君の考えは**テツガク**的だ。（　　）

⑩ 子供と一緒に**ネンド**で遊ぶ。（　　）

⑪ 敵兵を**ソゲキ**する。（　　）

⑫ 彼は高校でも**イサイ**を放っている。（　　）

⑬ 主人の**オオ**せに従う。（　　）

⑭ 天井からの**アマモ**りに気づく。（　　）

⑮ **タク**みな話術で営業をする。（　　）

部首問題はよく出る漢字が偏ってるよ。
配点も少ないので、頻出漢字だけ覚えたら、
他のジャンルの対策をしたほうが効率的。

第8回 予想模擬テスト

よく出る

制限時間 60分

／200点

合格ラインの目安 160点

※答えは別冊16～17ページ

1 次の—線の読みをひらがなで記せ。

1問1点 ／30点

① 明日の**暁天**には家を出る。（　　）
② **薫風**が心地よく吹いている。（　　）
③ 美しい**旋律**を奏でる。（　　）
④ 私の父は本当に**寡欲**だ。（　　）
⑤ 大臣の**罷免**を求める。（　　）
⑥ 彼は**諭旨**退学になった。（　　）
⑦ 道路が**陥没**している。（　　）
⑧ それは**倫理**に反する行為だ。（　　）
⑨ 企業が**利益**を得る。（　　）
⑩ 残業続きで疲労が**累積**している。（　　）
⑪ 将来に**禍根**が残る。（　　）
⑫ 雨で**冠水**した道路を走る。（　　）

2 次の漢字の部首を記せ。

1問1点 ／10点

〈例〉菜（艹）　間（門）

① 且（　　）
② 凸（　　）
③ 辱（　　）
④ 呉（　　）
⑤ 宰（　　）
⑥ 舌（　　）
⑦ 裏（　　）
⑧ 翁（　　）
⑨ 拳（　　）
⑩ 亀（　　）

⑬ この中は**空洞**だ。（　　）
⑭ 裁判官は**冷徹**な人間であるべきだ。（　　）
⑮ **荒廃**した土地を再生する。（　　）
⑯ テストが終わって気分**爽快**だ。（　　）
⑰ イベントでグッズを**頒布**する。（　　）
⑱ ジャングルの奥地を**探索**する。（　　）
⑲ 本に記載されている**凡例**を読む。（　　）
⑳ 反対派を**粛清**する。（　　）
㉑ 折れた骨を**接**ぐ。（　　）
㉒ 英雄として**奉**る。（　　）
㉓ 結婚式で高砂を**謡**う。（　　）
㉔ 相手を甘い言葉で**釣**る。（　　）
㉕ マラソン大会でライバルと**競**る。（　　）
㉖ 自動車**若**しくは電車で移動する。（　　）
㉗ 窓に指を**挟**む。（　　）
㉘ 遅刻しそうで気持ちが**焦**る。（　　）
㉙ **柳**の枝に雪折れはなし。（　　）
㉚ **己**を責めて人を責めるな。（　　）

3 熟語の構成のしかたには次のようなものがある。

1問2点

／20点

ア 同じような意味の漢字を重ねたもの（身体）
イ 反対または対応の意味を表す字を重ねたもの（左右）
ウ 上の字が下の字を修飾しているもの（洋画）
エ 下の字が上の字の目的語・補語になっているもの（着火）
オ 上の字が下の字の意味を打ち消しているもの（非常）

次の熟語はア～オのどれにあたるか、一つ選び記号を記せ。

① 上棟（　　）
② 報酬（　　）
③ 懐古（　　）
④ 未遂（　　）
⑤ 漆黒（　　）
⑥ 拙劣（　　）
⑦ 繊毛（　　）
⑧ 懇談（　　）
⑨ 独吟（　　）
⑩ 英俊（　　）

4 次の四字熟語について問1と問2に答えよ。

問1 次の四字熟語の①～⑩に入る適切な語を下の□の中から選び、漢字二字で記せ。

1問2点　／20点

ア　外柔（①）
イ　刻苦（②）
ウ　面従（③）
エ　眺望（④）
オ　眉目（⑤）
カ　（⑥）実直
キ　（⑦）篤実
ク　（⑧）玉食
ケ　（⑨）相制
コ　（⑩）不遜

おんこう
きんい
きんげん
けんが
ごうがん
しゅうれい
ぜっか
ないごう
ふくはい
べんれい

6 次の―線のカタカナを漢字に直せ。

1問2点　／20点

① 国同士の**キンコウ**が崩れる。（　）
② 学校の**キンコウ**には森がある。（　）
③ あのチームは**ソッコウ**が得意だ。（　）
④ 道端の**ソッコウ**のゴミを拾う。（　）
⑤ **シンギ**の判断ができない。（　）
⑥ 今回の原案を**シンギ**する。（　）
⑦ 皮膚が**エンショウ**を起こす。（　）
⑧ 火災の**エンショウ**を防ぐ。（　）
⑨ 罪を**オカ**す。（　）
⑩ 危険を**オカ**す。（　）

問2　次の⑪～⑮の意味にあてはまる四字熟語を問1のア～コから一つ選び、記号で記せ。

1問2点　／10点

⑪ いばり散らして他者を見下すこと。（　）
⑫ 苦労しながらも仕事などを頑張ること。（　）
⑬ とてもぜいたくな暮らしぶりのこと。（　）
⑭ 目に見える景色がとても美しいこと。（　）
⑮ 顔立ちが整っていて美しいこと。（　）

5

次の①～⑤の**対義語**、⑥～⑩の**類義語**を後の□の中から選び、漢字で記せ。□の中の語は一度だけ使うこと。

1問2点　／20点

対義語

① 酷暑 ⇔（　）
② 飽食 ⇔（　）
③ 冗漫 ⇔（　）
④ 不足 ⇔（　）
⑤ 削除 ⇔（　）

類義語

⑥ 降格 ＝（　）
⑦ 屋敷 ＝（　）
⑧ 服従 ＝（　）
⑨ 頑丈 ＝（　）
⑩ 瞬時 ＝（　）

かじょう・かんけつ・きが・きょうじゅん・けんご
こっかん・させん・せつな・ていたく・てんか

7

次の各文にまちがって使われている同じ読みの漢字が一字ある。上の（　）に誤字を、下の（　）に正しい漢字を記せ。

1問2点　／10点

① 病を患う父親の望みである出世を果たすべく、同僚は営業成績を伸ばし続け、早期の昇進を喝望している。　誤（　）→正（　）

② 四輪九動の車両は雪道や舗装されていない道路でも走りやすく、安全性にこだわる人にとって魅力的である。　誤（　）→正（　）

③ 動物が一度離れても再びすみかに戻ってくるのは帰層本能によるもので、多数の動物に備わっている。　誤（　）→正（　）

④ 今回の群発地震の影響で運輸会社では一部の似物の配達が半日程度遅れることを発表し、陳謝した。　誤（　）→正（　）

⑤ 入院時に何度も経験した心霊体験から、暗い部屋に恐負を感じるため、就寝時には常夜灯を利用している。　誤（　）→正（　）

8 次の――線のカタカナを漢字一字と送りがな（ひらがな）に直せ。

1問2点　／10点

① 個人の思想を**ツチカウ**。（　　）

② 敵軍の前進を**ハバム**。（　　）

③ 私の家の猫はとても**カシコイ**。（　　）

④ 妻の浮気を**アヤシン**でいる。（　　）

⑤ 傷を負った手から血が**シタタル**。（　　）

9 次の――線のカタカナを漢字に直せ。

1問2点　／50点

① 江戸時代の寺院が**フシン**中だ。（　　）

② 何事にも忍耐が**カンヨウ**だ。（　　）

③ 学生達は**ハキ**に満ちている。（　　）

④ 二人の戦いは**ソウレツ**を極めた。（　　）

⑯ 納豆は**ネバ**りが命だ。（　　）

⑰ **カ**の鳴くような声で話す。（　　）

⑱ 船が**ミサキ**を回った。（　　）

⑲ 舞踏会を**モヨオ**す。（　　）

⑳ その言葉が**クチグセ**だ。（　　）

㉑ アクション映画を**ト**る。（　　）

㉒ もつ**ナベ**を作る。（　　）

㉓ あの人は**バンセツ**を汚した。（　　）

㉔ **ハチク**の勢いで勝ち進んだ。（　　）

㉕ へそで茶を**ワ**かす。（　　）

⑤ 感極まって彼女を**ホウヨウ**した。（　　）

⑥ アルバイトを**カイコ**された。（　　）

⑦ 宇宙の**ユウキュウ**の歴史に迫る。（　　）

⑧ 息子が**ユウカイ**された。（　　）

⑨ テレビの**エキショウ**が割れた。（　　）

⑩ エネルギーの**ヘンカン**効率が高い。（　　）

⑪ 金魚鉢に**モ**を入れた。（　　）

⑫ 私ほど**アワ**れな人間はいない。（　　）

⑬ 彼に反省を**ウナガ**す。（　　）

⑭ **ヨコナグ**りの雨に打たれる。（　　）

⑮ 賞状を部屋の**カタスミ**に飾る。（　　）

どうだった？
四字熟語の書き取りは
合格者と不合格者の得点差が大きいよ。
つまり四字熟語をしっかり書ければ
合格につながるということだね。

第9回

予想模擬テスト

制限時間 60分

／200点

合格ラインの目安 160点

※答えは別冊18〜19ページ

1 次の——線の読みをひらがなで記せ。

1問1点 ／30点

① 隣人が**塀**の上から顔をのぞかせた。（　　）
② 戦争で**殊勲**を立てる。（　　）
③ **春宵**は趣がある。（　　）
④ 部下を**督励**する。（　　）
⑤ **全幅**の信頼を置く。（　　）
⑥ 人生を**享楽**する。（　　）
⑦ **乾漆**造りの製作工程を紹介する。（　　）
⑧ **寡聞**にして知らない。（　　）
⑨ 戦争の**惨禍**にさらされる。（　　）
⑩ 彼の小説は**稚拙**な表現が多い。（　　）
⑪ **煩雑**な事務を処理する。（　　）
⑫ 胃薬と風邪薬を**併用**する。（　　）

2 次の漢字の部首を記せ。

1問1点 ／10点

〈例〉菜（艹）　間（門）

① 嗣（　　）
② 麻（　　）
③ 酌（　　）
④ 凹（　　）
⑤ 堪（　　）
⑥ 朱（　　）
⑦ 趣（　　）
⑧ 矛（　　）
⑨ 卵（　　）
⑩ 斬（　　）

⑬ **弊社**の業務を紹介する。（　　）
⑭ 理解した後は**実践**あるのみだ。（　　）
⑮ 近所の人に**挨拶**をする。（　　）
⑯ 彼女は**親戚**にあたる人だ。（　　）
⑰ あのアニメの**覚醒**シーンは熱い。（　　）
⑱ 女王に**謁見**する。（　　）
⑲ 自衛隊の装備を**拡充**する。（　　）
⑳ 彼のやり方は**浅薄**すぎる。（　　）
㉑ その**旨**を先方に伝える。（　　）
㉒ **泥縄**式の勉強では合格できない。（　　）
㉓ 動物の皮を**剥**ぐ。（　　）
㉔ 夜が**更**けたが眠れない。（　　）
㉕ 秋の**兆**しを感じる。（　　）
㉖ この肉はとても**軟**らかい。（　　）
㉗ 今は**亡**き友にささげる。（　　）
㉘ アリは巨大な**塚**を築く。（　　）
㉙ **和**やかな雰囲気だ。（　　）
㉚ 机に**肘**をつく。（　　）

3 熟語の構成のしかたには次のようなものがある。

1問2点　／20点

ア　同じような意味の漢字を重ねたもの（身体）
イ　反対または対応の意味を表す字を重ねたもの（左右）
ウ　上の字が下の字を修飾しているもの（洋画）
エ　下の字が上の字の目的語・補語になっているもの（着火）
オ　上の字が下の字の意味を打ち消しているもの（非常）

次の熟語はア～オのどれにあたるか、一つ選び記号を記せ。

① 不肖（　　）
② 顕在（　　）
③ 存廃（　　）
④ 財閥（　　）
⑤ 繁閑（　　）
⑥ 伴侶（　　）
⑦ 糾弾（　　）
⑧ 憂患（　　）
⑨ 僅差（　　）
⑩ 逓増（　　）

4 次の四字熟語について問1と問2に答えよ。

問1 次の四字熟語の①～⑩に入る適切な語を下の□の中から選び、漢字二字で記せ。

1問2点　/20点

ア 抑揚（①）
イ 誇大（②）
ウ 理路（③）
エ 疾風（④）
オ 遠慮（⑤）
カ（⑥）辛苦
キ（⑦）滅裂
ク（⑧）落胆
ケ（⑨）千万
コ（⑩）独尊

いかん
えしゃく
しつぼう
しり
じんらい
せいぜん
とんざ
もうそう
ゆいが
りゅうりゅう

6 次の――線のカタカナを漢字に直せ。

1問2点　/20点

① 首相**カンテイ**を訪問する。（　）
② 家にある書物を**カンテイ**する。（　）
③ 校歌を**スイソウ**する。（　）
④ **スイソウ**に魚を入れる。（　）
⑤ **テンジョウ**員として同行する。（　）
⑥ 私の部屋の**テンジョウ**は低い。（　）
⑦ 妹を食べ物で**カイジュウ**する。（　）
⑧ **カイジュウ**が暴れて町を壊す。（　）
⑨ 部屋の**スミ**に虫がいる。（　）
⑩ 書道で**スミ**をする。（　）

問2 次の⑪～⑮の意味にあてはまる四字熟語を**問1**のア～コから一つ選び、記号で記せ。

1問2点　／10点

⑪ 物事を実際より大きく評価すること。（　）
⑫ 意思の統一ができず、ばらばらであるさま。（　）
⑬ 他人を思いやり、控えめな態度を取ること。（　）
⑭ 話の内容や文章の筋道がきちんと通っている。（　）
⑮ 動きや変化が素早く勢いがあるさま。（　）

5

次の①～⑤の**対義語**、⑥～⑩の**類義語**を後の□の中から選び、漢字で記せ。□の中の語は一度だけ使うこと。

1問2点　／20点

対義語

① 反逆 ⇕（　）
② 粗略 ⇕（　）
③ 絶賛 ⇕（　）
④ 過激 ⇕（　）
⑤ 新鋭 ⇕（　）

類義語

⑥ 折衝 ＝（　）
⑦ 難点 ＝（　）
⑧ 手当 ＝（　）
⑨ 歳月 ＝（　）
⑩ 受胎 ＝（　）

おんけん・きょうじゅん・けっかん・こうしょう・こくひょう
こごう・せいそう・ていねい・にんしん・ほうしゅう

7

次の各文にまちがって使われている同じ読みの漢字が一字ある。上の（　）に誤字を、下の（　）に正しい漢字を記せ。

1問2点　／10点

① ビールは麦芽から、日本酒は米から城造されるが、発酵のために原料を事前に液状にするのは共通している。 誤（　）→正（　）

② 仕事のために図書館で文献を検索したが、棒大な資料の中から必要な事柄を探し出すことは容易ではない。 誤（　）→正（　）

③ サハラ砂幕は、アフリカ大陸の北部一帯に広がっており、石油、石炭、鉄鉱石などの地下資源がある。 誤（　）→正（　）

④ 保乳瓶の消毒が必要な理由は、免疫力や抵抗力が低い乳児の体をさまざまな病気から守るためである。 誤（　）→正（　）

⑤ 家出している彼女は、父母から逃走するために、住居を変えたり宜名を使ったりと徹底している。 誤（　）→正（　）

8

次の——線のカタカナを漢字一字と送りがな（ひらがな）に直せ。

1問2点　／10点

① 地震で家が**ユレル**。（　　）

② 彼は肝が**スワッ**ている。（　　）

③ 身なりを**ツクロウ**。（　　）

④ 暑さ対策を**ホドコス**。（　　）

⑤ 友人に車を安く**ユズル**。（　　）

9

次の——線のカタカナを漢字に直せ。

1問2点　／50点

① 高原の**チョウメイ**な空を見上げる。（　　）

② 議長は**セイシュク**を命じた。（　　）

③ お寺に**ホウノウ**する。（　　）

④ **キヒン**席に紅茶を届ける。（　　）

⑯ 犯した罪を**ツグナ**う。（　　）

⑰ アオコが原因で池が**ニゴ**る。（　　）

⑱ 落とし穴を**ウ**める。（　　）

⑲ 父の跡を**ツ**ぐつもりだ。（　　）

⑳ 福祉関係の仕事に**タズサ**わる。（　　）

㉑ 烈火のごとく**オコ**る。（　　）

㉒ この家は**ノロ**われている。（　　）

㉓ **ケイセツ**の功を積む。（　　）

㉔ 人生は**ケイコウ**牛後である。（　　）

㉕ 赤子を**ハダカ**にしたよう。（　　）

⑤ この子は私達の愛の**ケッショウ**だ。（　　）

⑥ **ジゼン**団体に寄付する。（　　）

⑦ 地震で多数の**ギセイ**者が出た。（　　）

⑧ 専門家達が**ケイショウ**を鳴らす。（　　）

⑨ **サイホウ**道具を取り出す。（　　）

⑩ 手紙の**ボウトウ**で書き間違えた。（　　）

⑪ **ネンゴ**ろなもてなしを受けた。（　　）

⑫ ボーナスで家計が**ウルオ**う。（　　）

⑬ ゴール前で激しく**セ**る。（　　）

⑭ 月が山の**ハ**にかかる。（　　）

⑮ バッグを**ウバ**われた。（　　）

読み方で送りがなが変わる漢字に注意。
陥る⇔陥れる
汚れる⇔汚い
逃がす⇔逃す
それぞれ読みが違うよ。漢字表で確認しよう。

第10回 予想模擬テスト

よく出る

制限時間 60分

／200点

合格ラインの目安 160点

※答えは別冊20～21ページ

1 次の――線の読みをひらがなで記せ。

1問1点　／30点

① 彼は何でもできる**俊才**だ。（　　）
② 理想に没頭して現実を**閑却**する。（　　）
③ 私の地区は政府の**管轄**外だ。（　　）
④ **辛酸**をなめる。（　　）
⑤ 食器を煮沸して**滅菌**する。（　　）
⑥ 大企業に**搾取**されている。（　　）
⑦ **堕落**した生活を送る。（　　）
⑧ 有名な作家が昨日**急逝**した。（　　）
⑨ **勇壮**な音が響く。（　　）
⑩ **収賄**と贈賄では罪の重さが違う。（　　）
⑪ **宣誓**文を読み上げる。（　　）
⑫ 刑事が銃弾を浴びて**殉職**した。（　　）

2 次の漢字の部首を記せ。

1問1点　／10点

〈例〉菜（艹）　間（門）

① 奔（　　）
② 殼（　　）
③ 朴（　　）
④ 尉（　　）
⑤ 執（　　）
⑥ 髪（　　）
⑦ 童（　　）
⑧ 旦（　　）
⑨ 顕（　　）
⑩ 昆（　　）

⑬ 彼の**快癒**を祈る。（　　）
⑭ 要人が**拉致**された。（　　）
⑮ 学校の**秩序**を乱す。（　　）
⑯ 彼女の**美貌**のとりこになる。（　　）
⑰ **怠惰**な人間だと自覚している。（　　）
⑱ 内容を正確に**把握**する。（　　）
⑲ 携帯電話を**貸与**された。（　　）
⑳ 巨人達を一人残らず**駆逐**する。（　　）
㉑ 襟を正して**恭**しく迎える。（　　）
㉒ 彼女の死を**悼**む。（　　）
㉓ 川の水で**産湯**を使う。（　　）
㉔ 業界から**葬**られる。（　　）
㉕ 神事を前に**汚**れをはらう。（　　）
㉖ 突然のテストに**泡**を食った。（　　）
㉗ **謹**んで申し上げる。（　　）
㉘ 難問の解決に**挑**む。（　　）
㉙ 夢を**諦**めるな。（　　）
㉚ 彼は**謎**が多い人だ。（　　）

3 熟語の構成のしかたには次のようなものがある。

1問2点　／20点

ア 同じような意味の漢字を重ねたもの（身体）
イ 反対または対応の意味を表す字を重ねたもの（左右）
ウ 上の字が下の字を修飾しているもの（洋画）
エ 下の字が上の字の目的語・補語になっているもの（着火）
オ 上の字が下の字の意味を打ち消しているもの（非常）

次の熟語はア～オのどれにあたるか、一つ選び記号を記せ。

① 不偏（　　）
② 疾患（　　）
③ 搭乗（　　）
④ 諭旨（　　）
⑤ 赦免（　　）
⑥ 旅愁（　　）
⑦ 和睦（　　）
⑧ 尼僧（　　）
⑨ 彼我（　　）
⑩ 防疫（　　）

4 次の四字熟語について問1と問2に答えよ。

問1 次の四字熟語の①～⑩に入る適切な語を下の□の中から選び、漢字二字で記せ。

1問2点　／20点

ア　換骨（①）
イ　要害（②）
ウ　周知（③）
エ　襲名（④）
オ　堆金（⑤）
カ　（⑥）三斗
キ　（⑦）万紅
ク　（⑧）無稽
ケ　（⑨）激励
コ　（⑩）蓋世

けんご
こうとう
こぶ
せきぎょく
せんし
だったい
てってい
ばつざん
ひろう
れいかん

6 次の―線のカタカナを漢字に直せ。

1問2点　／20点

① 彼の意見を**コウテイ**する。（　）
② 中国の初代**コウテイ**を学ぶ。（　）
③ 判決に対して**コウソ**する。（　）
④ 食物**コウソ**を含む食品を食べる。（　）
⑤ 土地を祖父が**カイコン**する。（　）
⑥ **カイコン**の念にさいなまれる。（　）
⑦ 犯人を**キュウメイ**する。（　）
⑧ **キュウメイ**ボートを設置する。（　）
⑨ 本棚の**ウラ**を掃除する。（　）
⑩ 壇ノ**ウラ**の戦い。（　）

問2 次の⑪～⑮の意味にあてはまる四字熟語を**問1**のア～コから一つ選び、記号で記せ。

1問2点 /10点

⑪ 既にある作品を参考に独自の作品を作ること。（　　）
⑫ 財宝を集め巨万の富を築くこと。（　　）
⑬ とても強い力と気力を持ち勢いのあること。（　　）
⑭ 根拠がなくでたらめなこと。（　　）
⑮ 色とりどりの花が咲きみだれること。（　　）

5

次の①～⑤の**対義語**、⑥～⑩の**類義語**を後の□の中から選び、**漢字で記せ**。□の中の語は一度だけ使うこと。

1問2点 /20点

対義語

① 栄転 ⇔（　　）
② 軽侮 ⇔（　　）
③ 虚弱 ⇔（　　）
④ 寛容 ⇔（　　）
⑤ 衰亡 ⇔（　　）

類義語

⑥ 反逆 ≒（　　）
⑦ 工事 ≒（　　）
⑧ 中核 ≒（　　）
⑨ 一掃 ≒（　　）
⑩ 計略 ≒（　　）

がんけん・きょうりょう・さくぼう・させん・すうじく・すうはい・ふしん・ふっしょく・ぼっこう・むほん

7

次の各文にまちがって使われている同じ読みの漢字が一字ある。上の（　）に誤字を、下の（　）に正しい漢字を記せ。

1問2点 /10点

① 振り込め詐偽の手口は巧妙化の一途をたどっており、被害を未然に防ぐために日頃から警戒が必要である。　誤（　）→正（　）

② 労働とは禍酷なものも多いが、金銭よりも心身の状態に考慮して適度な労働内容と時間であるべきだ。　誤（　）→正（　）

③ 島内の身療所には医師が一人しかいないが、非常に優秀で温和な人柄なので住民は満足している。　誤（　）→正（　）

④ サンゴ床は海の熱帯林と呼ばれるほど多様で豊富な生態系で、津波や高潮などの被害を軽減する役目もある。　誤（　）→正（　）

⑤ 野球中に肩を強打し砂骨に痛みを感じたため整形外科にかかったところ、骨折しており治療を受けた。　誤（　）→正（　）

8 次の―線のカタカナを漢字一字と送りがな（ひらがな）に直せ。

1問2点　／10点

① 平静をヨソオウ。

② ユルヤカナカーブを曲がる。

③ 娘がトツグ。

④ 期待に胸をフクラマせる。

⑤ 資源がトボシイ。

9 次の―線のカタカナを漢字に直せ。

1問2点　／50点

① 列車がジョコウする。

② 校庭でセンプウが吹いている。

③ イロウのないよう書類に記入する。

④ 彼女は優れたドウサツ力を持つ。

⑯ お墓に文章をホる。

⑰ この服は手触りがアラい。

⑱ 血が出たので包帯をマく。

⑲ 雑誌のパズルをトく。

⑳ 仕事のために通訳をヤトう。

㉑ 人の顔に泥をヌる。

㉒ ワインはとてもヨいやすい。

㉓ 寄らばタイジュの陰。

㉔ イ型にはめる。

㉕ 実るほど頭《こうべ》を垂れるイナホかな。

⑤ **ワンガン**部に面する都市に住む。（　　）

⑥ 彼女の家は**ゴウテイ**だ。（　　）

⑦ 条約が賛成多数で**ヒジュン**された。（　　）

⑧ 殺人事件を**ソウサ**する。（　　）

⑨ この台本には**チンプ**な台詞が多い。（　　）

⑩ **ハイザイ**で作られた作品だ。（　　）

⑪ 部屋を**カクチョウ**高い家具が彩る。（　　）

⑫ 参加希望者を**ツノ**る。（　　）

⑬ 彼が友人を**ソソノカ**している。（　　）

⑭ 待っている時間が**オ**しい。（　　）

⑮ **マギ**らわしい表現は避けよう。（　　）

週に1回まとめて勉強するより
毎日短時間でも勉強した方が効率がいいよ。
スキマ時間を見つけて、少しずつ取り組もう。

第11回 予想模擬テスト

制限時間 60分

/200点

合格ラインの目安 160点

※答えは別冊22〜23ページ

1 次の——線の読みをひらがなで記せ。

1問1点 /30点

① 大きな**壮図**を抱く。（　　）
② 顔面を**殴打**する。（　　）
③ **時宜**にかなった企画を作ろう。（　　）
④ 彼の本性が**露呈**した。（　　）
⑤ 盛んに民主主義を**鼓吹**する。（　　）
⑥ 互いに**覇業**を争う。（　　）
⑦ 四月から**俸給**が一万円上がった。（　　）
⑧ 社会の**悪弊**は断つべきだ。（　　）
⑨ 作品の**美醜**は関係無い。（　　）
⑩ 住民を町から**放逐**する。（　　）
⑪ **遮光**カーテンを取り付ける。（　　）
⑫ 私は恋愛に**臆病**だ。（　　）

2 次の漢字の部首を記せ。

1問1点 /10点

〈例〉菜（艹）　間（門）

① 煩（　　）
② 累（　　）
③ 叙（　　）
④ 衰（　　）
⑤ 革（　　）
⑥ 塁（　　）
⑦ 戴（　　）
⑧ 艶（　　）
⑨ 塞（　　）
⑩ 眉（　　）

⑬ 各地で住民が一斉に**蜂起**した。（　　）
⑭ 物質を**融合**させる実験を行う。（　　）
⑮ 彼の**比喩**が面白い。（　　）
⑯ 生ごみや野菜くずを**堆肥**にする。（　　）
⑰ 彼のプレゼンは**秀逸**だった。（　　）
⑱ 鉄球で壁を**粉砕**する。（　　）
⑲ 決して**傲慢**な人にはなるまい。（　　）
⑳ **懸賞**に当たった。（　　）
㉑ 両社の提案を**併**せて検討する。（　　）
㉒ 床に**靴墨**の跡が残っている。（　　）
㉓ 大都市に人口が**偏**る。（　　）
㉔ 良いことをしたら**褒**めるべきだ。（　　）
㉕ 金を**賭**けた勝負をする。（　　）
㉖ 昔は生活が**貧**しかった。（　　）
㉗ 井戸水が**湧**く。（　　）
㉘ 当選の**暁**には公約を実現させる。（　　）
㉙ この車は小回りが**利**く。（　　）
㉚ **僅**か半年で部活動を辞めた。（　　）

3 熟語の構成のしかたには次のようなものがある。

1問2点　／20点

ア　同じような意味の漢字を重ねたもの（身体）
イ　反対または対応の意味を表す字を重ねたもの（左右）
ウ　上の字が下の字を修飾しているもの（洋画）
エ　下の字が上の字の目的語・補語になっているもの（着火）
オ　上の字が下の字の意味を打ち消しているもの（非常）

次の熟語はア〜オのどれにあたるか、一つ選び記号を記せ。

① 贈答（　　）
② 雅俗（　　）
③ 未了（　　）
④ 余韻（　　）
⑤ 懇望（　　）
⑥ 危惧（　　）
⑦ 開拓（　　）
⑧ 献杯（　　）
⑨ 象牙（　　）
⑩ 経緯（　　）

4 次の四字熟語について問1と問2に答えよ。

問1 次の四字熟語の①～⑩に入る適切な語を下の□の中から選び、漢字二字で記せ。

1問2点　／20点

ア　吉凶（①　　）
イ　酔生（②　　）
ウ　東奔（③　　）
エ　衆人（④　　）
オ　錦上（⑤　　）
カ　（⑥　　）自若
キ　（⑦　　）休題
ク　（⑧　　）潔白
ケ　（⑨　　）果敢
コ　（⑩　　）平等

おんしん
かふく
かんし
かんわ
しんしゅ
せいそう
せいれん
たいぜん
てんか
むし

6 次の――線のカタカナを漢字に直せ。

1問2点　／20点

① 道路が**ジュウタイ**している。（　　）
② 四列**ジュウタイ**に並ぶ。（　　）
③ 民謡の**サイフ**をする。（　　）
④ 自分の**サイフ**をなくした。（　　）
⑤ **カゲン**の月を眺める。（　　）
⑥ 魚の焼き**カゲン**を確認する。（　　）
⑦ 父の**ボンサイ**を壊してしまった。（　　）
⑧ 自身を**ボンサイ**だと思っている。（　　）
⑨ 部屋がもぬけの**カラ**だ。（　　）
⑩ **カラ**草模様のハンカチを買う。（　　）

問2 次の⑪〜⑮の意味にあてはまる四字熟語を**問1**のア〜コから一つ選び、記号で記せ。

1問2点 ／10点

⑪ おめでたいことが重なって起きること。（　　）

⑫ 敵も味方も同じように扱うこと。（　　）

⑬ あちこちへかけ回ること。（　　）

⑭ 失敗を恐れずに取り組み決断力に富むこと。（　　）

⑮ 周囲の大勢が見ていること。（　　）

5

次の①〜⑤の 対義語 ⑥〜⑩の 類義語 を後の□の中から選び、漢字で記せ。□の中の語は一度だけ使うこと。

1問2点 ／20点

対義語

① 国産 ⇕（　　）

② 決裂 ⇕（　　）

③ 禁欲 ⇕（　　）

④ 設置 ⇕（　　）

⑤ 覚醒 ⇕（　　）

類義語

⑥ 気分 ＝（　　）

⑦ 心配 ＝（　　）

⑧ 監禁 ＝（　　）

⑨ 調停 ＝（　　）

⑩ 一般 ＝（　　）

きげん・きょうらく・さいみん・だけつ・ちゅうさい・てっきょ・はくらい・ふへん・ゆうへい・ゆうりょ

7

次の各文にまちがって使われている同じ読みの漢字が一字ある。上の（　）に誤字を、下の（　）に正しい漢字を記せ。

1問2点 ／10点

① 地震が発生した際はガスの元線を締めて換気を行い、室内の空気を入れ替えるように案内している。
誤（　　）→正（　　）

② 交通事故を僕滅するためには運転手が安全確認、標識への意識などの基本的な事柄を守ることが必要だ。
誤（　　）→正（　　）

③ 電気自動車には二酸化炭素を排出しないなどのメリットがあるが、住電設備などの課題が散見されている。
誤（　　）→正（　　）

④ 険しい山岳地帯を流れる径谷には、古くからある巨木や水量の多い滝など多数の絶景の集まる名所がある。
誤（　　）→正（　　）

⑤ 日本国内には、白川郷や東尋坊など、まるで映画のような玄想的な風景を満喫できる景勝地がある。
誤（　　）→正（　　）

8 次の——線のカタカナを漢字一字と送りがな（ひらがな）に直せ。

1問2点 ／10点

① 物議を**カモス**ような発言をした。（　　）
② 対戦相手を決して**アナドル**な。（　　）
③ 素敵な器で食卓を**イロドル**。（　　）
④ 雨で次第に橋が**クチ**ていく。（　　）
⑤ 父に**トモナッ**て県外に行く。（　　）

9 次の——線のカタカナを漢字に直せ。

1問2点 ／50点

① 修行をすれば**クドク**を得られる。（　　）
② **キガ**に倒れる人が大勢いる。（　　）
③ この装置は**ジュンカツ**剤が不要だ。（　　）
④ 父は金の**モウジャ**だ。（　　）

⑯ 流行は**スタ**れるものだ。（　　）
⑰ **ヨイゴ**しのお茶は飲むな。（　　）
⑱ 眼鏡の**フチ**を触る。（　　）
⑲ お酒を**ヒカ**える。（　　）
⑳ 要点を**オ**さえる。（　　）
㉑ 玄関の**カギ**をかける。（　　）
㉒ あの喫茶店は皆の**イコ**いの場だ。（　　）
㉓ 暑さ寒さも**ヒガン**まで。（　　）
㉔ 顔に**ドロ**を塗る。（　　）
㉕ 知る**ヨシ**もない。（　　）

⑤ 傷が**チユ**しないでいる。（　　）

⑥ **キンパク**した空気が流れる。（　　）

⑦ 料理に**トウフ**を使う。（　　）

⑧ 彼は学歴を**サショウ**していた。（　　）

⑨ 映画の**カキョウ**に入る。（　　）

⑩ 気が小さく**センサイ**な人だ。（　　）

⑪ 宝石を**カンテイ**する。（　　）

⑫ ギターを**カナ**でる。（　　）

⑬ この大陸を**ス**べる王だ。（　　）

⑭ テストが終わって気が**ユル**む。（　　）

⑮ 客足が回復する**キザ**しがある。（　　）

読みや書き取りの頻出熟語は
共通しているよ。間違えた問題は
読み・書き両方を押さえよう。

第12回 予想模擬テスト

制限時間 60分

／200点

合格ラインの目安 160点

※答えは別冊24～25ページ

1 次の——線の読みをひらがなで記せ。

1問1点 ／30点

① 先人の**余薫**を被る。（　　）
② 内部告発で不正が**露顕**した。（　　）
③ 国家試験では難問が**頻出**する。（　　）
④ 家の**門扉**を開く。（　　）
⑤ あまりのショックに**喪心**する。（　　）
⑥ **哀悼**の意を表する。（　　）
⑦ いい天気なので**布団**を干す。（　　）
⑧ 待遇の**寛厳**がある。（　　）
⑨ ここが**年貢**の納め時だ。（　　）
⑩ 突如として**惰眠**から覚めた。（　　）
⑪ 先生は彼らを**赦免**した。（　　）
⑫ 勤務中に足首を**捻挫**した。（　　）

2 次の漢字の部首を記せ。

〈例〉菜（艹）　間（門）

1問1点 ／10点

① 妥（　　）
② 呈（　　）
③ 羅（　　）
④ 死（　　）
⑤ 玄（　　）
⑥ 幣（　　）
⑦ 毀（　　）
⑧ 鶏（　　）
⑨ 劾（　　）
⑩ 更（　　）

⑬ 地獄の**沙汰**も金次第だ。（　　）
⑭ 学園祭の売上は**累計**五万円だった。（　　）
⑮ 先生の態度に**畏縮**してしまった。（　　）
⑯ 彼との勝負は**僅差**で私が勝利した。（　　）
⑰ 生徒会長は皆の**羨望**の的だ。（　　）
⑱ 肝試しで**廃屋**に行く。（　　）
⑲ **拾得**物を交番に届ける。（　　）
⑳ 学校**推奨**のパソコンを買う。（　　）
㉑ 試合の前に縁起を**担**ぐ。（　　）
㉒ 像を台座に**据**える。（　　）
㉓ 百円未満の**端数**は切り捨てる。（　　）
㉔ 勉強の時にペンを**弄**ぶ癖がある。（　　）
㉕ 黒幕の正体を**暴**く。（　　）
㉖ 先生に**薦**められた本を読む。（　　）
㉗ この文章は読むに**堪**えない。（　　）
㉘ 山の**麓**でキャンプをする。（　　）
㉙ 足首が赤く**腫**れている。（　　）
㉚ 父に**宛**てて手紙を書く。（　　）

3 熟語の構成のしかたには次のようなものがある。

1問2点　／20点

ア 同じような意味の漢字を重ねたもの（身体）
イ 反対または対応の意味を表す字を重ねたもの（左右）
ウ 上の字が下の字を修飾しているもの（洋画）
エ 下の字が上の字の目的語・補語になっているもの（着火）
オ 上の字が下の字の意味を打ち消しているもの（非常）

次の熟語はア～オのどれにあたるか、一つ選び記号を記せ。

① 逓減（　　）
② 妄想（　　）
③ 覇権（　　）
④ 克己（　　）
⑤ 籠城（　　）
⑥ 禍根（　　）
⑦ 硝煙（　　）
⑧ 把握（　　）
⑨ 雪渓（　　）
⑩ 硬軟（　　）

GOAL　12回目

4 次の四字熟語について問1と問2に答えよ。

問1 次の四字熟語の①～⑩に入る適切な語を下の□の中から選び、漢字二字で記せ。

1問2点　／20点

ア　迅速（①）（　　）
イ　飛花（②）（　　）
ウ　片言（③）（　　）
エ　空空（④）（　　）
オ　空中（⑤）（　　）
カ　（⑥）高吟（　　）
キ　（⑦）自在（　　）
ク　（⑧）馬食（　　）
ケ　（⑨）以徳（　　）
コ　（⑩）変化（　　）

かだん
かっさつ
げいいん
せきご
ばくばく
ほうえん
ほうか
ようかい
らくよう
ろうかく

6 次の——線のカタカナを漢字に直せ。

1問2点　／20点

① 故郷で**ショウガイ**を終える。（　　）
② 銀行で**ショウガイ**の仕事をする。（　　）
③ **セイチョウ**な朝の空気を吸う。（　　）
④ **セイチョウ**作用がある漢方だ。（　　）
⑤ **センサイ**孤児のために募金する。（　　）
⑥ **センサイ**な感性の持ち主だ。（　　）
⑦ **キュウカン**が病院に運ばれた。（　　）
⑧ 好きな雑誌が**キュウカン**した。（　　）
⑨ 雨水が**モ**れる。（　　）
⑩ 食事に毒を**モ**る。（　　）

問2 次の⑪～⑮の意味にあてはまる四字熟語を問1のア～コから一つ選び、記号で記せ。

1問2点 ／10点

⑪ 周囲を気にせずに大声でうたうこと。（　）
⑫ ほんのちょっとの短い言葉。（　）
⑬ 人生や世界のはかなさの例え。（　）
⑭ 人の理解の及ばない現象や生き物のこと。（　）
⑮ むやみやたらに食事をすること。（　）

5

次の①～⑤の対義語、⑥～⑩の類義語を後の□の中から選び、漢字で記せ。□の中の語は一度だけ使うこと。

1問2点 ／20点

対義語

① 個別 ⇔（　）
② 凡才 ⇔（　）
③ 病弱 ⇔（　）
④ 受諾 ⇔（　）
⑤ 融解 ⇔（　）

類義語

⑥ 阻害 ＝（　）
⑦ 豊富 ＝（　）
⑧ 是認 ＝（　）
⑨ 親族 ＝（　）
⑩ 道徳 ＝（　）

いつざい・いっせい・ぎょうこ・きょひ・こうてい・じゃま・じゅんたく・しんせき・そうけん・りんり

7

次の各文にまちがって使われている同じ読みの漢字が一字ある。上の（　）に誤字を、下の（　）に正しい漢字を記せ。

1問2点 ／10点

① 昨日、学校の敷地に侵入して筆記用具などを盗んだとして、近所の人が節盗の疑いで逮捕された。 誤（　）→正（　）

② 微生物の陪養は、その種類や生育場所によって最適な環境を人工的に作らなければならない。 誤（　）→正（　）

③ 冬山を軽視してはならないと叔父から注意を受けていたので、来月の富士山登山のために争備を新調した。 誤（　）→正（　）

④ 町では、ビル風による突風の影響を緩和する目的で、比較的背の高い樹木を防風林として採植している。 誤（　）→正（　）

⑤ 書道で用いる木汁はすぐに使うことができ、且つ一定の色の濃さを保つことができる点が魅力だ。 誤（　）→正（　）

8 次の――線のカタカナを漢字一字と送りがな（ひらがな）に直せ。

1問2点　／10点

① 人の話に口を**ハサム**な。（　　）

② 敗北を**イサギヨク**認める。（　　）

③ 教室から校庭を**ナガメル**。（　　）

④ 図書館で**アツイ**本を読む。（　　）

⑤ 血も**コオル**ような恐怖を味わう。（　　）

9 次の――線のカタカナを漢字に直せ。

1問2点　／50点

① **オウベイ**の文化を取り入れる。（　　）

② **キセイ**事実を積み上げる。（　　）

③ 交通**ジュウタイ**に巻き込まれる。（　　）

④ 鉄道の**シャショウ**にあこがれる。（　　）

⑯ 姉の家に**イソウロウ**する。（　　）

⑰ 懸賞に当たり**タナ**からぼたもちだ。（　　）

⑱ 補習からの脱走を**クワダ**てる。（　　）

⑲ 矢が木の板を**ツラヌ**いた。（　　）

⑳ 辺りが**ホノオ**の海になった。（　　）

㉑ 船の**ホ**を畳む。（　　）

㉒ シャンプーの**アワ**が目に染みる。（　　）

㉓ 医は**ジンジュツ**なり。（　　）

㉔ **トウカク**を現す。（　　）

㉕ 泥棒を捕らえて**ナワ**をなう。（　　）

⑤ 名札を**フンシツ**した。（　　）

⑥ 結婚した友人にご**シュウギ**を贈る。（　　）

⑦ 公共の**フクシ**に反する。（　　）

⑧ 研究所の設備を**カクジュウ**する。（　　）

⑨ 手書きで**チョウボ**を付ける。（　　）

⑩ 自分の力を**カシン**してはいけない。（　　）

⑪ 給料日前で**フトコロ**が寒い。（　　）

⑫ **ニセ**の商品を誤って購入した。（　　）

⑬ アルバイトを**ヘ**て正社員になった。（　　）

⑭ ほうきで庭先を**ハ**く。（　　）

⑮ 草原を馬が**カ**ける。（　　）

集中力を高めて勉強するには、
時間を決めて取り組むのがおすすめ。
「25分集中→5分休憩」をくり返す
ポモドーロ・テクニックという方法があるよ。

第13回 予想模擬テスト

制限時間 60分

／200点

合格ラインの目安 160点

※答えは別冊26～27ページ

1 次の——線の読みをひらがなで記せ。

1問1点 ／30点

① **滋味**あふれる料理をいただく。（　　）
② 窓ガラスを割り先生に**説諭**された。（　　）
③ 母は**詩吟**をたしなんでいる。（　　）
④ 国家の**安寧**を乱す。（　　）
⑤ 天皇から**勅命**が出された。（　　）
⑥ 菓子で弟を**懐柔**する。（　　）
⑦ **仙境**のような不思議な景色だ。（　　）
⑧ 機械で岩を**砕石**する。（　　）
⑨ **寸暇**を惜しんで勉強する。（　　）
⑩ 空港の**検疫**で感染者が発見された。（　　）
⑪ パソコンで**擬似**的に表現する。（　　）
⑫ 会社の**枢軸**となって働く。（　　）

2 次の漢字の部首を記せ。

1問1点 ／10点

〈例〉菜（艹）　間（門）

① 褒（　）
② 豪（　）
③ 廷（　）
④ 猶（　）
⑤ 宜（　）
⑥ 匠（　）
⑦ 履（　）
⑧ 魂（　）
⑨ 凡（　）
⑩ 顎（　）

⑬ 父と**晩酌**をする。（　　）
⑭ 言い訳をする彼が**滑稽**に見える。（　　）
⑮ 会社が経営**破綻**した。（　　）
⑯ 地震で地面に**亀裂**が走る。（　　）
⑰ 熱が高いので**解熱**剤を飲んだ。（　　）
⑱ 人を**愚弄**してはいけない。（　　）
⑲ 引っ越しで資料が**散逸**した。（　　）
⑳ 事態を**収拾**する。（　　）
㉑ 空いた時間を読書に**充**てる。（　　）
㉒ ただの風邪と**侮**るなかれ。（　　）
㉓ 空き地で**野良**犬を見かけた。（　　）
㉔ 道の**際**を歩く。（　　）
㉕ 恩師を丁重に**弔**う。（　　）
㉖ 生活が**窮**まる。（　　）
㉗ なくした本を**血眼**になって捜す。（　　）
㉘ 夜ふかしは体に**障**ると言われた。（　　）
㉙ 母に**箸**の持ち方を習う。（　　）
㉚ 体調を崩して**痩**せてしまった。（　　）

3 熟語の構成のしかたには次のようなものがある。

1問2点　／20点

ア　同じような意味の漢字を重ねたもの（身体）
イ　反対または対応の意味を表す字を重ねたもの（左右）
ウ　上の字が下の字を修飾しているもの（洋画）
エ　下の字が上の字の目的語・補語になっているもの（着火）
オ　上の字が下の字の意味を打ち消しているもの（非常）

次の熟語はア～オのどれにあたるか、一つ選び記号を記せ。

① 奔流（　　）
② 功罪（　　）
③ 迎賓（　　）
④ 銃創（　　）
⑤ 徹底（　　）
⑥ 披露（　　）
⑦ 禁錮（　　）
⑧ 盲信（　　）
⑨ 叱責（　　）
⑩ 狙撃（　　）

4 次の四字熟語について問1と問2に答えよ。

問1 次の四字熟語の①～⑩に入る適切な語を下の□の中から選び、漢字二字で記せ。

1問2点　／20点

ア 忙中（①）
イ 勢力（②）
ウ 金科（③）
エ 抜本（④）
オ 頓首（⑤）
カ（⑥）外患
キ（⑦）努力
ク（⑧）剛健
ケ（⑨）雷同
コ（⑩）孫孫

ぎょくじょう
さいはい
しし
しつじつ
そくげん
ないゆう
はくちゅう
ふわ
ふんれい
ゆうかん

6 次の―線のカタカナを漢字に直せ。

① 消費者に**カンゲン**する。（　）
② **カンゲン**楽団に入る。（　）
③ 彼は神経が**カビン**な人だ。（　）
④ 教室に**カビン**を置く。（　）
⑤ 体の**ヘイコウ**感覚を失う。（　）
⑥ 先生の小言に**ヘイコウ**する。（　）
⑦ 期限切れの商品を**ハイキ**する。（　）
⑧ **ハイキ**を出さない車を買う。（　）
⑨ 疲れが**オ**を引いている。（　）
⑩ 勘忍袋の**オ**が切れる。（　）

1問2点　／20点

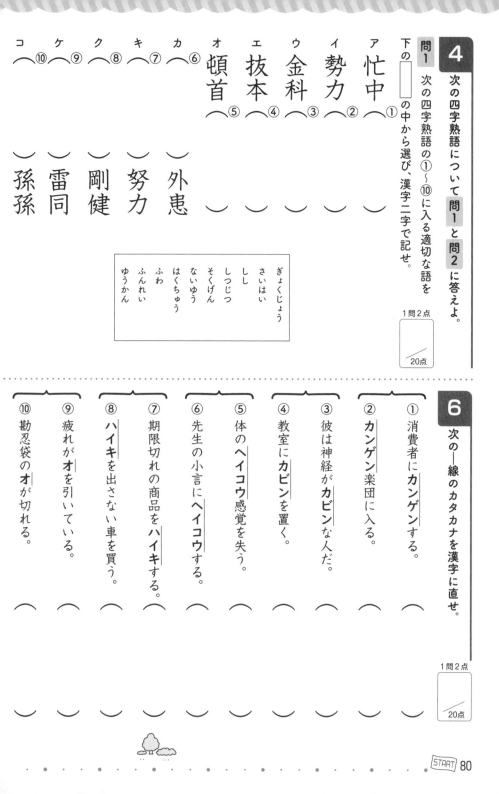

問2　次の⑪～⑮の意味にあてはまる四字熟語を**問1**のア～コから一つ選び、記号で記せ。

1問2点　／10点

⑪ せわしない時でも一息つく時くらいはあること。（　　）
⑫ 目標に向かってひたむきに頑張ること。（　　）
⑬ お互いの強さに差がなく優劣がつけにくいこと。（　　）
⑭ 災難の原因を根本から取り除くこと。（　　）
⑮ 頭を深く下げてお礼をすること。（　　）

5

次の①～⑤の**対義語**、⑥～⑩の**類義語**を後の［　］の中から選び、漢字で記せ。［　］の中の語は一度だけ使うこと。

1問2点　／20点

対義語

① 自生 ⇔（　　）
② 発病 ⇔（　　）
③ 侵害 ⇔（　　）
④ 巧遅 ⇔（　　）
⑤ 詳細 ⇔（　　）

類義語

⑥ 処罰 ≒（　　）
⑦ 不意 ≒（　　）
⑧ 沿革 ≒（　　）
⑨ 頑迷 ≒（　　）
⑩ 適切 ≒（　　）

［がいりゃく・さいばい・せっそく・だとう・ちゆ・ちょうかい・とうとつ・へんくつ・へんせん・ようご］

7

次の各文にまちがって使われている同じ読みの漢字が一字ある。上の（　）に誤字を、下の（　）に正しい漢字を記せ。

1問2点　／10点

① スエズ運河の改修計画は壮大で、靴削に要する資金は世界銀行から融資を受け日本企業が工事を受託した。　誤（　）→正（　）

② 文章には冠急が必要であり、それがない文章は単調な文章という感想を読者に与えることになる。　誤（　）→正（　）

③ 他者のために自分の時間や労力をささげる自己偽牲の精神で相手を優先した結果、自分が損をしがちである。　誤（　）→正（　）

④ 学校の備品を窃盗した犯人は、教室の扉に指紋を残しているので、観定すれば逮捕できるだろう。　誤（　）→正（　）

⑤ 部屋の照明が点灯しないと思ったら、校共料金の支払いを失念していたのを思い出したので会社に電話した。　誤（　）→正（　）

8

次の——線のカタカナを漢字一字と送りがな（ひらがな）に直せ。

1問2点　／10点

① 若者をソソノカシて不正を行う。（　　）
② 雨で田畑がウルオウ。（　　）
③ 家賃の支払いがトドコオル。（　　）
④ 申し出をコバム。（　　）
⑤ 霧で山頂がケムル。（　　）

9

次の——線のカタカナを漢字に直せ。

1問2点　／50点

① ケンアン事項を整理する。（　　）
② 会議はフンキュウした。（　　）
③ 状況のハアクに努める。（　　）
④ 損害をベンショウしてほしい。（　　）

⑯ 復習をして試験にノゾむ。（　　）
⑰ ハグキが炎症を起こす。（　　）
⑱ 教室の床をミガく。（　　）
⑲ 計画を白紙にモドす。（　　）
⑳ 山頂でゆっくり息をハく。（　　）
㉑ 彼女は料理のウデがいい。（　　）
㉒ 授業中にネるな。（　　）
㉓ 学力にウンデイの差がある。（　　）
㉔ 大疑は大悟のモトイ。（　　）
㉕ 月夜にカマを抜かれる。（　　）

⑤ 首相**カンテイ**に招かれた。

⑥ 彼女は**ケッペキ**症だ。

⑦ 会社が多額の**フサイ**を抱えた。

⑧ 皆で**ショクタク**を囲む。

⑨ ピアノの**バンソウ**を担う。

⑩ 近所の犬に**イカク**された。

⑪ **トクシュ**な技能が必要だ。

⑫ 先生の目を**アザム**く計画を立てる。

⑬ 友人の死を**イタ**む。

⑭ 現代音楽の**イシズエ**を築いた。

⑮ 体を**キタ**える。

漢字は付録の漢字表のとおりに書こう。
自分の字のクセには気づきにくいので、
友達や家族にチェックしてもらうのも
おすすめ。

第14回 予想模擬テスト

制限時間 60分

／200点

合格ラインの目安 160点

※答えは別冊
28〜29ページ

1 次の——線の読みをひらがなで記せ。

1問1点　／30点

① **最期**の瞬間まで一緒にいたい。（　　）
② 部下に失敗の責任を**転嫁**する。（　　）
③ この家はネズミの**巣窟**だ。（　　）
④ 母に宿題の**進捗**を聞かれた。（　　）
⑤ 修道院で**誓願**を立てた。（　　）
⑥ 地域に競合店がなく**寡占**状態だ。（　　）
⑦ 母は金の**亡者**になってしまった。（　　）
⑧ **災厄**から身を守る。（　　）
⑨ 彼女は**純朴**な高校生だ。（　　）
⑩ 犯人が店に**籠城**した。（　　）
⑪ **滋養**のある物を食べる。（　　）
⑫ **約款**を確認する。（　　）

2 次の漢字の部首を記せ。

1問1点　／10点

〈例〉菜（艹）　間（門）

① 蛍（　　）
② 叔（　　）
③ 庸（　　）
④ 虐（　　）
⑤ 頻（　　）
⑥ 宵（　　）
⑦ 鼻（　　）
⑧ 版（　　）
⑨ 罷（　　）
⑩ 翼（　　）

⑬ 結婚相手を探すのに**躍起**になる。（　　）

⑭ 自慢の**逸品**を紹介する。（　　）

⑮ カラスが上空を**旋回**している。（　　）

⑯ **戦禍**に見舞われた故郷に帰る。（　　）

⑰ 敵陣を**偵察**する。（　　）

⑱ 江戸の**庶民**の生活を調べてみる。（　　）

⑲ 情報を**遮断**して自分で考える。（　　）

⑳ 彼女の部屋に**頻繁**に訪れている。（　　）

㉑ 赤ちゃんの**産着**を選ぶ。（　　）

㉒ ロープが足に**絡**まる。（　　）

㉓ あなたの**仰**せの通りです。（　　）

㉔ **人垣**の向こうに彼の姿を見つけた。（　　）

㉕ 修学旅行で**常夏**の島ハワイに行く。（　　）

㉖ 彼の出世は想像に**難**くない。（　　）

㉗ その場を取り**繕**った。（　　）

㉘ お前の手を**煩**わすまでもない。（　　）

㉙ 卵を**潰**してしまった。（　　）

㉚ 手紙に切手を**貼**る。（　　）

3 熟語の構成のしかたには次のようなものがある。

1問2点　／20点

ア 同じような意味の漢字を重ねたもの（身体）
イ 反対または対応の意味を表す字を重ねたもの（左右）
ウ 上の字が下の字を修飾しているもの（洋画）
エ 下の字が上の字の目的語・補語になっているもの（着火）
オ 上の字が下の字の意味を打ち消しているもの（非常）

次の熟語はア～オのどれにあたるか、一つ選び記号を記せ。

① 不浄（　　）
② 謹呈（　　）
③ 弔辞（　　）
④ 解剖（　　）
⑤ 毀誉（　　）
⑥ 抹茶（　　）
⑦ 検疫（　　）
⑧ 嫌忌（　　）
⑨ 充満（　　）
⑩ 配膳（　　）

4 次の四字熟語について問1と問2に答えよ。

1問2点　／20点

問1 次の四字熟語の①～⑩に入る適切な語を下の□の中から選び、漢字二字で記せ。

ア 良風（①）
イ 高論（②）
ウ 春日（③）
エ 雄心（④）
オ 拍手（⑤）
カ （⑥）肉林
キ （⑦）無縫
ク （⑧）行脚
ケ （⑨）千里
コ （⑩）盛衰

うんすい　えいこ　かっさい　しゅち　たくせつ　ちち　てんい　びぞく　ぼつぼつ　よくや

6 次の——線のカタカナを漢字に直せ。

1問2点　／20点

① 物語の**ボウトウ**を書く。（　）
② あらゆる物価が**ボウトウ**した。（　）
③ **カンセイ**な住宅街に出た。（　）
④ **カンセイ**塔から指示を出す。（　）
⑤ シュレッダーで書類を**ハキ**する。（　）
⑥ **ハキ**がないとよく言われる。（　）
⑦ 専門家が**ケイショウ**を鳴らす。（　）
⑧ 皇位を**ケイショウ**する。（　）
⑨ 馬で**カ**ける。（　）
⑩ 庭の雑草を**カ**る。（　）

問2　次の⑪〜⑮の意味にあてはまる四字熟語を問1のア〜コから一つ選び、記号で記せ。

1問2点　／10点

⑪ 極めてすぐれた意見のこと。（　）
⑫ 大勢が褒めたたえること。（　）
⑬ 春はのどかで日がゆっくりと暮れること。（　）
⑭ ぜい沢を極めた宴のこと。（　）
⑮ 清廉で健康的な習慣のこと。（　）

5

次の①〜⑤の対義語、⑥〜⑩の類義語を後の□の中から選び、漢字で記せ。□の中の語は一度だけ使うこと。

1問2点　／20点

対義語

① 厳格 ⇔（　）
② 更生 ⇔（　）
③ 総合 ⇔（　）
④ 理論 ⇔（　）
⑤ 妥結 ⇔（　）

類義語

⑥ 激怒 ≒（　）
⑦ 省略 ≒（　）
⑧ 考慮 ≒（　）
⑨ 歳月 ≒（　）
⑩ 平穏 ≒（　）

あんたい・かつあい・かんよう・けつれつ・こういん・じっせん・しゃくりょう・だらく・ふんがい・ぶんせき

7

次の各文にまちがって使われている同じ読みの漢字が一字ある。上の（　）に誤字を、下の（　）に正しい漢字を記せ。

1問2点　／10点

① 仕事中に経年劣化した工作機械が故障して右腕にけがをしたため、会社に対して損害倍償を請求した。　誤（　）→正（　）

② 図書館で予習をし万全の状態で校義を受けたため、苦手な科目だったが教授の説明がよく理解できた。　誤（　）→正（　）

③ 帰宅時、我が家の番犬がほえていて、その様子が普通ではなく、禁急事態だと思ったので慌てて家へ走った。　誤（　）→正（　）

④ 私が入社した会社は、植林の取り組みを通して、売上金の一部を社会に巻元していると知って感激した。　誤（　）→正（　）

⑤ 隣町にできた遊園地の巨大明路は、なぞや仕掛けが豊富にあり家族皆で楽しむことができると聞いた。　誤（　）→正（　）

8 次の―線のカタカナを漢字一字と送りがな（ひらがな）に直せ。

1問2点　／10点

① 商店街が**スタレ**ていく。（　）

② 争っている姿はとても**ミニクイ**。（　）

③ 睡眠を**サマタゲ**られた。（　）

④ 子供の世話を**オコタル**。（　）

⑤ 新入生の歓迎会を**モヨオス**。（　）

9 次の―線のカタカナを漢字に直せ。

1問2点　／50点

① 貧血のため**テンテキ**を打つ。（　）

② **ヨジョウ**電力を売る。（　）

③ 意見が合わず**コドク**になった。（　）

④ **カソ**化により学校が閉鎖された。（　）

⑯ 旗が風に**ヒルガエ**る。（　）

⑰ 平和を**オビヤ**かす。（　）

⑱ 同僚に**ハゲ**ましの言葉を贈る。（　）

⑲ **カワラ**ぶきの屋根の家だ。（　）

⑳ 校庭の桜が**サ**いた。（　）

㉑ 今日の夜は**アラシ**になりそうだ。（　）

㉒ 彼女をダンスに**サソ**う。（　）

㉓ **アクセン**身につかず。（　）

㉔ あいさつは時の**ウジガミ**。（　）

㉕ 一寸の虫にも五分の**タマシイ**。（　）

⑤ 業績に応じた**ショグウ**を与える。（　　）

⑥ 銀イオンは**コウキン**性を持つ。（　　）

⑦ 彼の発言を**ヨウゴ**する。（　　）

⑧ 事故で鎖骨が**フンサイ**した。（　　）

⑨ 都会での生活に**ゲンメツ**した。（　　）

⑩ **サイフ**からお金を出す。（　　）

⑪ 彼は**ユウシュウ**な生徒だ。（　　）

⑫ 試験のために鉛筆を**ケズ**る。（　　）

⑬ 年の**セ**が間近に迫ってくる。（　　）

⑭ 権力には責任が**トモナ**う。（　　）

⑮ 私の部屋の**スミ**には本棚がある。（　　）

漢検２級の合格率は25%～30%くらい。
つまり合格できればそれくらいの
難関をクリアできたってことだよ。

第15回

予想模擬テスト

制限時間 60分

／200点

合格ラインの目安 160点

※答えは別冊30〜31ページ

1 次の——線の読みをひらがなで記せ。

1問1点 ／30点

① 彼は王様に**拝謁**した。（　　）
② **懸案**事項を片付ける。（　　）
③ 物見**遊山**に来たわけではない。（　　）
④ 借金の返済を**督促**する。（　　）
⑤ この寺は**名刹**として知られる。（　　）
⑥ 派遣していた特使を**召還**する。（　　）
⑦ 互いに**胸襟**を開いて語り合った。（　　）
⑧ ペットへの虐待を**糾弾**する。（　　）
⑨ 戦で**勲功**を立てる。（　　）
⑩ **煩悩**まみれで集中できない。（　　）
⑪ 複数の単語を**括弧**でくくる。（　　）
⑫ 逃げた犬を**捜索**する。（　　）

2 次の漢字の部首を記せ。

1問1点 ／10点

〈例〉菜（艹）　間（門）

① 薫（　　）
② 般（　　）
③ 釈（　　）
④ 赴（　　）
⑤ 尿（　　）
⑥ 骨（　　）
⑦ 幕（　　）
⑧ 暮（　　）
⑨ 頃（　　）
⑩ 房（　　）

問2 次の⑪～⑮の意味にあてはまる四字熟語を**問1**のア～コから一つ選び、記号で記せ。 1問2点 /10点

⑪ 真剣に求めると同時に本質を見極めること。（　　）
⑫ 形は立派でも役には立たないもののこと。（　　）
⑬ だれよりも先に心配し、他より遅れて楽しむ。（　　）
⑭ はるかかなたにあるという極楽世界のこと。（　　）
⑮ 出会うことがめったにないこと。（　　）

5

次の①～⑤の**対義語**、⑥～⑩の**類義語**を後の□の中から選び、漢字で記せ。□の中の語は一度だけ使うこと。 1問2点 /20点

対義語

① 下賜 ⇔（　　）
② 蓄積 ⇔（　　）
③ 貫徹 ⇔（　　）
④ 概略 ⇔（　　）
⑤ 清浄 ⇔（　　）

類義語

⑥ 安泰 ＝（　　）
⑦ 秀抜 ＝（　　）
⑧ 全快 ＝（　　）
⑨ 寄与 ＝（　　）
⑩ 将来 ＝（　　）

あんねい・いさい・おだく・けんじょう・こうけん・ざせつ・しゅういつ・しょうもう・ぜんと・へいゆ

7

次の各文にまちがって使われている同じ読みの漢字が一字ある。上の（　）に誤字を、下の（　）に正しい漢字を記せ。 1問2点 /10点

① 私の子供時代は決して優福な生活ではなかったが、両親は必死に働いて高校や大学の学費を工面してくれた。 誤（　）→正（　）

② 同僚は資料の文章を正確に波握していたり会議の内容を覚えていたりと記憶力が抜群で、優れた人物だ。 誤（　）→正（　）

③ 猟師である私の祖父は射激の達人で、はるか遠くに見える動物の急所を正確に射貫くことができた。 誤（　）→正（　）

④ 地震の永響で乗っていた電車が一時停止したが、騒いでも仕方がないので読書をして復旧を待った。 誤（　）→正（　）

⑤ 母親の悲迷が聞こえたので慌てて階下へ降りたところ、はちが屋内に入り込んでいたため殺虫剤で駆除した。 誤（　）→正（　）

8 次の──線のカタカナを漢字一字と送りがな（ひらがな）に直せ。

1問2点　／10点

① 資料の整理は肩のコル仕事だ。（　　）
② 人前でハズカシメを受けた。（　　）
③ 鉄を打ちキタエル。（　　）
④ 皆にシタワレル人になりたい。（　　）
⑤ ナメラカナ肌にあこがれている。（　　）

9 次の──線のカタカナを漢字に直せ。

1問2点　／50点

① 酒癖の悪い父にはアイソが尽きた。（　　）
② 国家間で条約をテイケツする。（　　）
③ 私のチームはザンテイ二位だ。（　　）
④ 口の中のビョウソウを取り除く。（　　）

⑯ 二人の間にミゾができてしまった。（　　）
⑰ 死んだ父のマボロシを見た。（　　）
⑱ 次女がトツいでいった。（　　）
⑲ 校庭でアヤしい人を見かけた。（　　）
⑳ 川のアサセで涼む。（　　）
㉑ 雨は降っていないのにニジが出た。（　　）
㉒ 我が家の飼い犬はカシコい。（　　）
㉓ 苦労がスイホウに帰した。（　　）
㉔ ニクまれっ子世にはばかる。（　　）
㉕ ソデ振り合うも他生の縁。（　　）

⑤ **ゲンシュク**な儀式が始まる。（　　　）

⑥ 彼はいつも**コクウ**を見つめていた。（　　　）

⑦ 私の家の**キンコウ**には川が多い。（　　　）

⑧ 生徒の作文を**テンサク**する。（　　　）

⑨ 日本全国の**コフン**を研究している。（　　　）

⑩ 勉強の成果を**ヒロウ**する。（　　　）

⑪ 生徒に意見を聞くと**チンモク**した。（　　　）

⑫ 彼は私に**サト**すように話した。（　　　）

⑬ 雨の**シタタ**る音が心地よく感じる。（　　　）

⑭ 靴下を**ハ**き替える。（　　　）

⑮ 音楽は心の**カテ**になる。（　　　）

15回分終了！　お疲れ様でした。
これまで間違えた問題はキミの
弱点がまとまったものだよ。
試験前にもう一度確認してね。

勉強のモチベーションを保つ方法

学校や仕事など日々忙しい方にとっては、漢検の勉強が面倒だなと思う日もあるでしょう。そうした方に勉強のコツをお伝えします。

キーワードは「**視覚化**」と「勉強の**ハードルを下げる**」の２つです。

「視覚化」するとなぜか達成したくなる

その昔、レコーディングダイエットというものが流行ったことがあります。「朝晩体重をはかるだけでやせる」というものですが、不思議と効果があったようです。体重計に乗りその変動を記録することで、変化に敏感になり、運動などの努力の成果がわかるようになるからです。

勉強も同じ。本書別冊の採点表などを使って、**勉強した結果は必ず目に見える形**で残しましょう。**写真を撮ってスマホに保存してもOK**。

それを友人や家族に見せたり、SNSに投稿したりすると、周囲の反応がやる気につながります。

「小分け」にすると勉強のハードルが一気に下がる

漢検の本試験は60分ですが、１時間勉強するのは結構大変です。**やる気が出ないときはもっと短い時間に切り分けましょう**。**5分だけ勉強する、読み問題だけ解くなどのやり方もOK**。

始めると意外に続けられることもありますし、やっぱりだめなら、パラパラと先の問題を眺めるだけでもいいことにしましょう。

ポイントは準備の過程を減らすこと。「今時間があるな」という瞬間にすぐ始められるよう、本を持ち歩いたり、スマホで問題の写真を撮っておいたりすると、思い立った時に気軽に勉強できます。

「漢字検定」というとすごいものに感じられますが、中身は「漢字クイズ」。ゲームのように楽しむ工夫で、漢検の勉強を乗り越えましょう！

2章

苦手克服ポイント

苦手克服ポイントの使い方

自分の不得意なジャンルを見極める
模擬テストの結果を分野別採点表に記入。
目標点数に届かない分野を中心に読もう。

攻略法を読んで解き方をチェック
最初に攻略法が載っているので、読んで
解き方を確認しよう。

赤シートを使って頻出問題を丸暗記
問題リストと付属の赤シートを使って、
頻出問題を重点的に覚えよう。

苦手克服ポイント

読みの攻略法

「訓読み」を
先にマスターで効率UP

配点30点
目標95%!

読みでは、音読みと訓読みがバランスよく出される。
ところが、訓読みは音読みと比べて、問題の種類が少ない。
つまり同じ問題がくり返し出される。まず、出やすい「訓読み」を覚えて得点源にしよう!
訓読みは「送りがな」でも問われる。どこから送りがなにするかも一緒に覚えると効率的。

1	懐く	なつく
	懐かしい	なつかしい
2	疎い	うとい
3	興す	おこす
4	翻る	ひるがえる
5	戯れる	たわむれる
6	酌む	くむ
7	彩る	いろどる
8	倣う	ならう
9	忌まわしい	いまわしい
10	契る	ちぎる
11	鎮まる	しずまる
12	接ぐ	つぐ
13	装う	よそおう
14	旨	むね
15	愁う	うれう
	愁える	うれえる
16	懇ろ	ねんごろ
17	殊	こと
18	礎	いしずえ
19	傍ら	かたわら
20	謀る	はかる
21	栄える	さかえる はえる
22	秀でる	ひいでる
23	比肩	ひけん
24	褒美	ほうび
25	奉る	たてまつる
26	阻む	はばむ
27	変遷	へんせん
28	賜る	たまわる
29	成就	じょうじゅ
30	恭しい	うやうやしい
31	辱める	はずかしめる
32	併せる	あわせる
33	培う	つちかう
34	稼働	かどう
35	偽る	いつわる
36	厳か	おごそか
	厳しい	きびしい

37	如実	にょじつ
38	格子	こうし
39	漆塗り	うるしぬり
40	担ぐ	かつぐ
	担う	になう
41	狭量	きょうりょう
42	虐げる	しいたげる
43	欲する	ほっする
	欲しい	ほしい
44	充てる	あてる
45	産着	うぶぎ
46	潔い	いさぎよい
47	疾病	しっぺい
48	統べる	すべる
49	泥縄	どろなわ
50	請ける	うける
	請う	こう
51	圧搾	あっさく
52	施錠	せじょう
53	因循	いんじゅん
54	醸す	かもす
55	頑是	がんぜ
56	渦潮	うずしお
57	釣果	ちょうか
58	拘泥	こうでい
59	俊傑	しゅんけつ
60	訴訟	そしょう
61	紡ぐ	つむぐ
62	筒先	つつさき
63	会得	えとく
64	狭小	きょうしょう
65	長患い	ながわずらい
66	糧	かて
67	因る	よる
68	均斉	きんせい
69	瞬く	またたく
70	唆す	そそのかす
71	種苗	しゅびょう
72	平衡	へいこう
73	筆禍	ひっか
74	抄録	しょうろく
75	育苗	いくびょう
76	横柄	おうへい
77	会釈	えしゃく
78	糾明	きゅうめい
79	行脚	あんぎゃ
80	傘下	さんか
81	星霜	せいそう
82	払暁	ふつぎょう
83	甚だ	はなはだ
84	堪忍	かんにん
85	薫陶	くんとう

86	陥れる	おとしいれる
	陥る	おちいる
87	湖沼	こしょう
88	沖天	ちゅうてん
89	病巣	びょうそう
90	尚早	しょうそう
91	払底	ふってい
92	麗しい	うるわしい
93	酸い	すい
94	絡まる	からまる
95	憤る	いきどおる
96	双肩	そうけん
97	醜聞	しゅうぶん
98	抄本	しょうほん
99	流布	るふ
100	否	いな
101	愛猫	あいびょう
102	角逐	かくちく
103	控除	こうじょ
104	枯渇	こかつ
105	摩耗	まもう
106	側溝	そっこう
107	貢ぐ	みつぐ
108	筒抜け	つつぬけ
109	断食	だんじき
110	聴聞	ちょうもん
111	漸増	ぜんぞう
112	謡う	うたう
	謡	うたい
113	秘奥	ひおう
114	繁閑	はんかん
115	謄本	とうほん
116	嫌悪	けんお
117	煮沸	しゃふつ
118	私淑	ししゅく
119	好事家	こうずか
120	営巣	えいそう
121	早暁	そうぎょう
122	遊説	ゆうぜい
123	権化	ごんげ
124	渦紋	かもん
125	献本	けんぽん
126	徹宵	てっしょう
127	過ち	あやまち
	過ごす	すごす
128	手綱	たづな
129	頒価	はんか
130	清澄	せいちょう
131	枢要	すうよう
132	廃れる	すたれる
133	靴墨	くつずみ
134	通暁	つうぎょう

135	汚泥	おでい
136	一献	いっこん
137	旋風	せんぷう
138	教唆	きょうさ
139	滴る	したたる
	滴	しずく
140	据える	すえる
141	建坪	たてつぼ
142	帰巣	きそう
143	押印	おういん
144	碁盤	ごばん
145	狂奔	きょうほん
146	詰問	きつもん
147	多寡	たか
148	緑青	ろくしょう
149	衆寡	しゅうか
150	患う	わずらう
151	諭す	さとす
152	褒賞	ほうしょう
153	開襟	かいきん
154	泥炭	でいたん
155	広狭	こうきょう
156	借款	しゃっかん
157	崇高	すうこう
158	製靴	せいか
159	短冊	たんざく
160	憂い	うれい
161	逐次	ちくじ
162	奔流	ほんりゅう
163	富裕	ふゆう
164	逓減	ていげん
165	法被	はっぴ
166	奏でる	かなでる
167	扶助	ふじょ
168	侮やむ	くやむ
	悔しい	くやしい
169	敷設	ふせつ
170	矯める	ためる
171	仰ぐ	あおぐ
	仰せ	おおせ
172	渉猟	しょうりょう
173	脅す	おどす
	脅かす	おびやかす
174	悪寒	おかん
175	傑物	けつぶつ
176	詠む	よむ
177	植栽	しょくさい
178	風霜	ふうそう
179	暁天	ぎょうてん
180	群青	ぐんじょう
181	剝がれる	はがれる

苦手克服ポイント

部首の攻略法

出やすい漢字だけを覚える!　配点10点 目標80%!

部首は、漢字をグループ分けするために使われる共通のパーツのこと。
次のような、ひと目ではわかりにくい部首が出題されやすい。
配点は10点と少ないので得点効率は良くない。深入りは禁物。
よく出る漢字の部首を丸暗記したら、他の分野の対策をする方が効率的。

①漢字のパーツが複雑なもの
例…爵・寧（上下3つに分かれる）
②部首の形が漢字から読み取りにくいもの
例…升（部首は十）、且（部首は一）など
③対象漢字が少ないレアな部首
例…麻、缶、斉、甘など

15	14	13	12	11	10	9	8	7	6	5	4	3	2	1
喪	磨	瓶	賓	亭	斉	甚	臭	嗣	且	軟	升	寧	爵	戻
口	石	瓦	貝	亠	斉	甘	自	口	一	車	十	宀	爫	戸
くち	いし	かわら	かい	なべぶた	せい	あまい	みずから	くち	いち	くるまへん	じゅう	うかんむり	つめかんむり	とだれ

30	29	28	27	26	25	24	23	22	21	20	19	18	17	16
麻	彰	耗	蛍	褒	煩	奔	虜	衷	妥	栽	虞	畝	亜	泰
麻	彡	耒	虫	衣	火	大	虍	衣	女	木	虍	田	二	氺
あさ	さんづくり	すきへん	むし	ころも	ひへん	だい	とらがしら	ころも	おんな	き	とらがしら	た	に	したみず

45	44	43	42	41	40	39	38	37	36	35	34	33	32	31
甲	款	窯	幾	累	竜	刃	凸	弔	献	疑	缶	殻	薫	韻
田	欠	穴	幺	糸	竜	刀	凵	弓	犬	疋	缶	殳	艹	音
た	あくび	あなかんむり	よう	いと	りゅう	かたな	うけばこ	ゆみ	いぬ	ひき	ほとぎ	るまた	くさかんむり	おと

60	59	58	57	56	55	54	53	52	51	50	49	48	47	46
面	弊	辱	致	帥	準	囚	丙	徹	呈	丹	旋	叙	殉	豪
面	廾	辰	至	巾	氵	囗	一	彳	口	丶	方	又	歹	豕
めん	こまぬき	しんのたつ	いたる	はば	さんずい	くにがまえ	いち	ぎょうにんべん	くち	てん	ほうへん	また	かばねへん	ぶた

75	74	73	72	71	70	69	68	67	66	65	64	63	62	61
唇	享	尼	了	夢	雇	恭	摩	朴	武	酌	再	衡	既	隷
口	亠	尸	亅	夕	隹	⺗	手	木	止	酉	冂	行	旡	隶
くち	なべぶた	しかばね	はねぼう	た	ふるとり	したごころ	て	きへん	とめる	とりへん	どうがまえ	ぎょうがまえ	すでのつくり	れいづくり

90	89	88	87	86	85	84	83	82	81	80	79	78	77	76
叔	辞	更	昆	革	克	音	尉	威	吏	者	真	凹	淑	呉
又	辛	曰	日	革	儿	音	寸	女	口	耂	目	凵	氵	口
また	からい	ひらび	ひ	かくのかわ	ひとあし	おと	すん	おんな	くち	おいがしら	め	うけばこ	さんずい	くち

苦手克服ポイント

熟語の構成の攻略法

見分けるメソッドを使えば簡単!

配点20点
目標80%!

熟語をつくる２つの漢字の関係性を答える問題。
選択肢には、以下の５つがある。

ア　２つの漢字が同じ意味
　例…価値、温暖、停止
イ　２つの漢字が反対の意味
　例…苦楽、長短、紅白
ウ　上の字が下の字を修飾
　例…洋画（洋風の絵画）、古城（古い城）
エ　下の字が上の字の目的語や補語
　例…消火（火を消す）、閉店（店を閉める）
オ　上の字が下の字を打ち消す
　例…未熟（熟していない）、不眠（眠れない）

分かりやすいのはオの打ち消し。
「無」「不」「未」で始まることが多い。
また、アとイは熟語の種類が少なく、出やすい問題は決まっている。
要注意はウとエ。熟語「●△」では、
ウなら「●のような△」、エなら「●する←△を」と読める。
また、エの熟語は後ろに「する」をつけると、
動詞になることが多いよ。

ア　同じ意味の字を重ねたもの

1	2	3	4	5	6	7	8	9	10
弾劾	逸脱	享受	核心	擬似	疾患	広漠	報酬	露顕	媒介

11	12	13	14	15	16	17	18	19	20
愚痴	搭乗	扶助	剰余	分析	紡績	解剖	寡少	赦免	枢要

イ　反対の意味の字を重ねたもの

1	2	3	4	5	6	7	8	9	10
多寡	往還	点滅	隠顕	慶弔	衆寡	早晩	寛厳	巧拙	雅俗
11	12	13	14	15	16	17	18	19	20
禍福	及落	去就	親疎	贈答	抑揚	任免	経緯	功罪	需給

ウ　上の字が下の字を修飾

1	2	3	4	5	6	7	8	9	10
貴賓	公僕	逓減	奔流	旋風	酪農	環礁	奇遇	脚韻	顕在
11	12	13	14	15	16	17	18	19	20
浄財	誓詞	妄想	懇請	渉猟	弔辞	覇権	余韻	河畔	義憤

エ　下の字が上の字の目的語・補語

1	2	3	4	5	6	7	8	9	10
叙勲	争覇	罷業	殉難	折衷	忍苦	上棟	享楽	収賄	殉教
11	12	13	14	15	16	17	18	19	20
懐古	叙情	贈賄	懐郷	遵法	叙景	叙事	随意	還元	迎賓

オ　上の字が下の字を打ち消す

1	2	3	4	5	6	7	8	9	10
不肖	不浄	不偏	無窮	不祥	未来	未詳	未了	未遂	無尽
11	12	13	14	15	16	17	18	19	20
不穏	不屈	無粋	未刊	無為	未到	未聞	無謀	不朽	不審

苦手克服ポイント

四字熟語の攻略法

故事成語は
エピソードも覚えよう

書き取り　配点20点 目標75%!

意　味　配点10点 目標95%!

四字熟語の中の２字を漢字で書く問題。出題される熟語には次の２種がある。

①単に二字熟語を組み合わせたもの　例…名所旧跡 名所＋旧跡
②故事成語（昔の出来事やことわざをもとに作られたもの）
例…泰山北斗：泰山は中国にある山。北斗は北斗七星
どちらも人々から仰ぎ見られるもの➡その分野のパイオニア（第一人者）のこと

1 精《しょう》進《じん》潔《けっ》斎《さい》　心身を清め汚れのない状態にすること

2 百《ひゃく》八《はち》煩《ぼん》悩《のう》　仏教語で、人間が持つ多くのなやみのこと

3 和《わ》衷《ちゅう》協《きょう》同《どう》　力を合わせ、仕事や作業に当たること

4 綱《こう》紀《き》粛《しゅく》正《せい》　乱れた規律をただすこと

5 合《がっ》従《しょう》連《れん》衡《こう》　利害に応じて団結したり離れたりすること

6 雲《うん》泥《でい》万《ばん》里《り》　比較にならないほどの大きな差異

7 英《えい》俊《しゅん》豪《ごう》傑《けつ》　多くの中で特に優れた人物

8 教《きょう》唆《さ》扇《せん》動《どう》　そそのかして人の心をあおりたてること

9 堅《けん》忍《にん》不《ふ》抜《ばつ》　困難に耐え心を動かさないこと

10 懇《こん》切《せつ》丁《てい》寧《ねい》　親切でこころが行き届いていること

11 秋《しゅう》霜《そう》烈《れつ》日《じつ》　刑罰や権威などが極めて厳しいこと

12 白《はく》砂《しゃ》青《せい》松《しょう》　美しい海岸の景色。白砂は「はくさ」とも読む

13 安《あん》寧《ねい》秩《ちつ》序《じょ》　社会が落ち着き秩序のある様子

14 遠《えん》慮《りょ》会《え》釈《しゃく》　他人を思いやり、自分は控えめにすること

15 会《え》者《しゃ》定《じょう》離《り》　この世は無常であることのたとえ

16 汗《かん》牛《ぎゅう》充《じゅう》棟《とう》　蔵書が非常に多いことのたとえ

17 軽《けい》挙《きょ》妄《もう》動《どう》　是非をわきまえず軽はずみに行動すること

18 志《し》操《そう》堅《けん》固《ご》　主義などを固く守って変えないこと

19 枝《し》葉《よう》末《まっ》節《せつ》　本質からはずれたささいなこと

20 主《しゅ》客《かく》転《てん》倒《とう》　物事の順序や立場などが逆転すること

21
小《しょう》心《しん》翼《よく》翼《よく》
気が小さくてびくびくしている様子

22
泰《たい》山《ざん》北《ほく》斗《と》
大家として仰ぎ尊ばれる権威者

23
泰《たい》然《ぜん》自《じ》若《じゃく》
落ち着きはらって物事に動じない様子

24
内《ない》疎《そ》外《がい》親《しん》
外見は親しそうだが実は違うこと

25
破《は》邪《じゃ》顕《けん》正《しょう》
誤った見解をただすこと。顕正は「けんせい」とも読む

26
文《ぶん》人《じん》墨《ぼっ》客《かく》
詩や書画などにたずさわる人

27
放《ほう》歌《か》高《こう》吟《ぎん》
あたりかまわず大声で歌うこと

28
冷《れい》汗《かん》三《さん》斗《と》
非常に恐ろしい目にあうこと

29
隠《いん》忍《にん》自《じ》重《ちょう》
苦しみなどをじっとこらえる様子

30
円《えん》転《てん》滑《かつ》脱《だつ》
物事をそつなくとりしきる様子

31
夏《か》炉《ろ》冬《とう》扇《せん》
役に立たないもののたとえ

32
快《かい》刀《とう》乱《らん》麻《ま》
物事を手際よく解決すること

33
危《き》急《きゅう》存《そん》亡《ぼう》
危険が迫り生きるか死ぬか紙一重の状態

34
吉《きっ》凶《きょう》禍《か》福《ふく》
良いことと悪いこと

35
謹《きん》厳《げん》実《じっ》直《ちょく》
つつしみ深く誠実で正直なこと

36
金《きん》城《じょう》湯《とう》池《ち》
守りが非常に固く攻めにくい城

37
群《ぐん》雄《ゆう》割《かっ》拠《きょ》
多くの実力者が、互いに対立しあうこと

38
孤《こ》軍《ぐん》奮《ふん》闘《とう》
支援者のない中で懸命に努力すること

39
孤《こ》城《じょう》落《らく》日《じつ》
過去の勢いを失い心細い様子

40
詩《しい》歌《か》管《かん》弦《げん》
文学と音楽

41
酒《しゅ》池《ち》肉《にく》林《りん》
ぜいたくの限りを尽くした宴会

42
森《しん》羅《ら》万《ばん》象《しょう》
宇宙に存在するすべてのもの

43
迅《じん》速《そく》果《か》断《だん》
すばやく決断し思い切って行うこと

44
先《せん》憂《ゆう》後《こう》楽《らく》
先に心配事を片付け、後でたのしむこと

45
昼《ちゅう》夜《や》兼《けん》行《こう》
昼と夜の区別なく物事を行うこと

46
読《どく》書《しょ》百《ひゃっ》遍《ぺん》
難しい書物も繰り返せば意味がわかるの意

47
比《ひ》翼《よく》連《れん》理《り》
男女の情愛が深いことのたとえ

48
不《ふ》偏《へん》不《ふ》党《とう》
かたよらず公平中立の立場に立つこと

49
普《ふ》遍《へん》妥《だ》当《とう》
どんな場合にも真理として認められること

50
忙《ぼう》中《ちゅう》有《ゆう》閑《かん》
多忙の中にも一息つく時間があること

51 悪《あっ》口《こう》雑《ぞう》言《ごん》
口にまかせてさんざんののしること

52 温《おん》厚《こう》篤《とく》実《じつ》
穏やかで優しく人情にあついこと

53 禍《か》福《ふく》得《とく》喪《そう》
災いにあったり幸いに出合ったりすること

54 換《かん》骨《こつ》奪《だっ》胎《たい》
他人の詩文を基にして独自の作品を生み出すこと

55 気《き》宇《う》壮《そう》大《だい》
心構えや発想が大きくて立派なこと

56 気《き》炎《えん》万《ばん》丈《じょう》
気力に満ち、非常に意気盛んなこと

57 鶏《けい》口《こう》牛《ぎゅう》後《ご》
大組織の末端より小組織の長の方がよいということ

58 月《げっ》下《か》氷《ひょう》人《じん》
男女の縁を取り持つ人。仲人

59 誇《こ》大《だい》妄《もう》想《そう》
自分の現状を過大評価し思い込むこと

60 巧《こう》遅《ち》拙《せっ》速《そく》
上手で遅いより下手でも速いほうがよいの意

61 高《こう》論《ろん》卓《たく》説《せつ》
優れた意見や説

62 衆《しゅう》人《じん》環《かん》視《し》
大勢の人が取りまいて見ている状態

63 春《しゅん》宵《しょう》一《いっ》刻《こく》
春の夜は趣深く価値があるということ

64 初《しょ》志《し》貫《かん》徹《てつ》
初めの志を最後まで貫き通すこと

65 酔《すい》生《せい》夢《む》死《し》
何もせず生涯をぼんやりと過ごすこと

66 大《たい》言《げん》壮《そう》語《ご》
実力以上に大げさに言うこと。その言葉

67 暖《だん》衣《い》飽《ほう》食《しょく》
物質的に満ち足りた生活

68 眺《ちょう》望《ぼう》絶《ぜっ》佳《か》
ながめがこの上なくすばらしいこと

69 天《てん》衣《い》無《む》縫《ほう》
飾りけがなく自然なこと

70 怒《ど》髪《はつ》衝《しょう》天《てん》
非常に激しくいかること

71 東《とう》奔《ほん》西《せい》走《そう》
四方八方を忙しく走りまわること

72 内《ない》憂《ゆう》外《がい》患《かん》
内にも外にも問題が多いこと

73 飛《ひ》花《か》落《らく》葉《よう》
世の中は常に移り変わっていくこと

74 万《ばん》緑《りょく》一《いっ》紅《こう》
多くの中にひとつだけ優れたものがあること

75 妙《みょう》計《けい》奇《き》策《さく》
巧妙で奇抜な策略

76 唯《い》唯《い》諾《だく》諾《だく》
人の言いなりになる様子

77 率《そっ》先《せん》垂《すい》範《はん》
先頭に立って手本となること

78 良《りょう》風《ふう》美《び》俗《ぞく》
うつくしい風習や風俗

79 意《い》気《き》衝《しょう》天《てん》
元気がよく勢いが盛んなこと

80 一《いち》陽《よう》来《らい》復《ふく》
悪運が続いたあと幸運に向かうこと

81 雲水行脚《うんすいあんぎゃ》
僧が修行のために諸国を巡ること

82 延命息災《えんめいそくさい》
命をのばして無事でいること

83 外柔内剛《がいじゅうないごう》
穏やかそうに見えて意志が強いこと

84 活殺自在《かっさつじざい》
他人を自分の思いのままに扱うこと

85 閑話休題《かんわきゅうだい》
それはさておき

86 金科玉条《きんかぎょくじょう》
いちばん大切な決まりや法律

87 鯨飲馬食《げいいんばしょく》
一度にたくさん飲み食いすること

88 厚顔無恥《こうがんむち》
あつかましくて恥知らずな様子

89 巧言令色《こうげんれいしょく》
顔色をつくろって人にこびへつらうこと

90 情状酌量《じょうじょうしゃくりょう》
諸事情をくんで刑罰を軽くすること

91 勢力伯仲《せいりょくはくちゅう》
力の優劣がつけにくいこと

92 生生流転《せいせいるてん》
万物が常に変化し移り変わること

93 西方浄土《さいほうじょうど》
仏教でいう苦しみのない安楽な世界

94 浅学非才《せんがくひさい》
学識が浅く能力や知恵が乏しいこと

95 粗製濫造《そせいらんぞう》
不良品をやたらに多くつくること

96 多岐亡羊《たきぼうよう》
方針が多過ぎて思案に暮れること

97 大慈大悲《だいじだいひ》
限りなく大きい慈悲

98 胆大心小《たんだいしんしょう》
大胆でしかも細心の注意を払うこと

99 朝令暮改《ちょうれいぼかい》
命令などがすぐに変わって定まらないこと

100 眉目秀麗《びもくしゅうれい》
顔だちが美しく整っていること

101 粉骨砕身《ふんこつさいしん》
全力を尽くして努力すること

102 面目躍如《めんもくやくじょ》
世間に対して顔が立つこと

103 有為転変《ういてんぺん》
この世がはかないことのたとえ

104 要害堅固《ようがいけんご》
備えがしっかりしていること

105 理路整然《りろせいぜん》
話や考えの筋道がよく通っていること

106 粒粒辛苦《りゅうりゅうしんく》
こつこつと地道に努力すること

107 竜頭蛇尾《りゅうとうだび》
はじめだけ盛んで尻すぼみのたとえ

108 一子相伝《いっしそうでん》
技芸の奥義を自分の子一人だけに伝えること

109 佳人薄命《かじんはくめい》
美人はとかく短命で不運であること

110 喜色満面《きしょくまんめん》
よろこびが顔じゅうにあふれている様子

111 経《けい》世《せい》済《さい》民《みん》
世の中を治めて人々を救うこと

112 孤《こ》立《りつ》無《む》援《えん》
ひとりぼっちで頼るものがないこと

113 鼓《こ》舞《ぶ》激《げき》励《れい》
盛んにふるいたたせ元気づけること

114 刻《こっ》苦《く》勉《べん》励《れい》
非常に努力して仕事や勉学に励むこと

115 国《こく》士《し》無《む》双《そう》
国中で並ぶ者がないほど優れた人物

116 殺《せっ》生《しょう》禁《きん》断《だん》
生き物の捕獲や殺すことを禁じる仏教の教え

117 支《し》離《り》滅《めつ》裂《れつ》
筋道が立たず言動が不統一であること

118 時《じ》期《き》尚《しょう》早《そう》
ある事を行う時期にはまだなっていないこと

119 自《じ》縄《じょう》自《じ》縛《ばく》
自分の言動により動きがとれなくなること

120 疾《しっ》風《ぷう》迅《じん》雷《らい》
行動がすばやく激しい様子

121 質《しつ》実《じつ》剛《ごう》健《けん》
飾りけがなく心身共にたくましいこと

122 周《しゅう》知《ち》徹《てっ》底《てい》
世間に広く知れ渡るようにすること

123 春《しゅん》日《じつ》遅《ち》遅《ち》
春の日が長く、日の暮れるのが遅い様子

124 深《しん》山《ざん》幽《ゆう》谷《こく》
人里離れた静かな自然

125 晴《せい》耕《こう》雨《う》読《どく》
田園でのんびりとした生活をすること

126 正《しょう》真《しん》正《しょう》銘《めい》
うそ偽りがなく本物であること

127 清《せい》廉《れん》潔《けっ》白《ぱく》
心や行いがきれいで正しいこと

128 生《しょう》者《じゃ》必《ひつ》滅《めつ》
生きているものはかならず死ぬということ

129 盛《じょう》者《しゃ》必《ひっ》衰《すい》
勢いの盛んな者はいつかおとろえること

130 大《だい》喝《かつ》一《いっ》声《せい》
大声でどなりつけること

131 大《たい》願《がん》成《じょう》就《じゅ》
大きな望みがかなうこと

132 当《とう》意《い》即《そく》妙《みょう》
機転をきかせ、場に合った対応をすること

133 難《なん》攻《こう》不《ふ》落《らく》
攻めにくくなかなか陥落しないこと

134 二《に》律《りつ》背《はい》反《はん》
対立するふたつの事が同等に主張されること

135 博《はく》覧《らん》強《きょう》記《き》
書物に親しみ知識が豊富なこと

136 複《ふく》雑《ざつ》多《た》岐《き》
事情が入り組んでいて分かりにくいこと

137 奮《ふん》励《れい》努《ど》力《りょく》
気力をふるいおこして励むこと

138 片《へん》言《げん》隻《せき》語《ご》
ひと言ふた言のわずかな言葉

139 傍《ぼう》若《じゃく》無《ぶ》人《じん》
人前にもかかわらず勝手気ままに行動すること

140 無《む》為《い》徒《と》食《しょく》
何もせずぶらぶらと日を過ごすこと

141 優勝劣敗《ゆうしょうれっぱい》
強者が栄え弱者が滅びること

142 勇猛果敢《ゆうもうかかん》
勇ましくて強く決断力に富むこと

143 論功行賞《ろんこうこうしょう》
手柄に応じた賞を与えること

144 異端邪説《いたんじゃせつ》
正統から外れている思想や学説

145 一念発起《いちねんほっき》
あることを成し遂げようと決意すること

146 一網打尽《いちもうだじん》
ひとまとめに悪人を捕らえること

147 勧善懲悪《かんぜんちょうあく》
善行を奨励してわるい行いをこらしめること

148 緩急自在《かんきゅうじざい》
速度などを思うままに操ること

149 玩物喪志《がんぶつそうし》
遊んでばかりで本業がおろそかになること

150 空空漠漠《くうくうばくばく》
広々としてとりとめのない様子

151 軽薄短小《けいはくたんしょう》
軽々しく中身のない様子

152 呉越同舟《ごえつどうしゅう》
仲の悪い者同士が同じ場所にいること

153 山紫水明《さんしすいめい》
自然の景観が清らかで美しいこと

154 四分五裂《しぶんごれつ》
秩序や統一が乱れている様子

155 自由奔放《じゆうほんぽう》
自分の思うままに行動する様子

156 失望落胆《しつぼうらくたん》
当てが外れ非常にがっかりすること

157 進取果敢《しんしゅかかん》
積極的に取り組み、決断力に優れていること

158 是非曲直《ぜひきょくちょく》
物事の善悪、正・不正のこと

159 千紫万紅《せんしばんこう》
色とりどりの花が咲いている様子

160 前代未聞《ぜんだいみもん》
これまで聞いたことがない珍しいこと

161 天下御免《てんかごめん》
公然と世間一般に許されること

162 当代随一《とうだいずいいち》
その時代の一番であること

163 陶犬瓦鶏《とうけんがけい》
外見ばかりで役に立たないこと

164 同工異曲《どうこういきょく》
見かけは違うが中身は似ている様子

165 南船北馬《なんせんほくば》
あちらこちらを広く旅行すること

166 破綻百出《はたんひゃくしゅつ》
言動の欠点が次々に出てくること

167 薄志弱行《はくしじゃっこう》
意志が弱く実行力が乏しいこと

168 抜山蓋世《ばつざんがいせい》
威勢がよく勇ましいこと

169 表裏一体《ひょうりいったい》
二つのものが密接な関係にあること

170 附和雷同《ふわらいどう》
他人の言動に軽々しく同調すること

苦手克服ポイント

対義語・類義語の攻略法

暗記のコツは、後ろに言葉を続けてみる!

配点20点
目標85%!

意味が反対の熟語（対義語）や、意味が似た熟語（類義語）の2字を書く問題。
以下のポイントを押さえて、効率的に対策しよう。

①よく出る問題を覚える
→出題されやすい熟語は決まっている。よく出る熟語を覚えるのが効率的
②前後に言葉をつけてみよう。例文にすると意味を覚えやすくなる
例…（対義語）横柄な態度⇔謙虚な態度、巧妙な手口⇔稚拙な手口
例…（類義語）面倒な性格≒厄介な性格、会議は混乱した≒会議は紛糾した

よく出る対義語問題

1 横柄 ⇔ 謙虚
2 巧妙 ⇔ 稚拙
3 新奇 ⇔ 陳腐
4 下落 ⇔ 騰貴
5 慶賀 ⇔ 哀悼
6 冗舌・多弁 ⇔ 寡黙
7 隆起 ⇔ 陥没
8 巧妙 ⇔ 拙劣
9 偉大 ⇔ 凡庸
10 個別 ⇔ 一斉
11 愛護 ⇔ 虐待
12 反逆 ⇔ 恭順
13 汚濁 ⇔ 清澄
14 炎暑・酷暑 ⇔ 酷寒
15 純白 ⇔ 漆黒
16 混乱 ⇔ 秩序
17 国産 ⇔ 舶来
18 高遠 ⇔ 卑近
19 暴露 ⇔ 秘匿
20 威圧・威嚇 ⇔ 懐柔
21 固辞 ⇔ 快諾
22 崇拝 ⇔ 軽侮
23 暫時 ⇔ 恒久
24 栄転 ⇔ 左遷
25 名誉 ⇔ 恥辱
26 任命 ⇔ 罷免
27 富裕 ⇔ 貧窮
28 狭量 ⇔ 寛容
29 真実 ⇔ 虚偽
30 潤沢 ⇔ 枯渇
31 自生 ⇔ 栽培
32 答申 ⇔ 諮問
33 欠乏 ⇔ 充足
34 褒賞 ⇔ 懲罰
35 率先 ⇔ 追随
36 進出 ⇔ 撤退
37 賢明 ⇔ 暗愚
38 飽食 ⇔ 飢餓
39 下賜 ⇔ 献上
40 決裂 ⇔ 妥結

よく出る類義語問題

1 死亡 ＝ 逝去
2 混乱 ＝ 紛糾
3 面倒 ＝ 厄介
4 残念 ＝ 遺憾
5 互角 ＝ 伯仲
6 永遠 ＝ 悠久
7 湯船 ＝ 浴槽
8 無口 ＝ 寡黙
9 祝福 ＝ 慶賀
10 歴然 ＝ 顕著
11 功名 ＝ 殊勲
12 来歴 ＝ 由緒
13 恐喝 ＝ 威嚇
14 奮戦 ＝ 敢闘
15 昼寝 ＝ 午睡
16 抜粋 ＝ 抄録
17 順次 ＝ 逐次
18 公開 ＝ 披露
19 容赦 ＝ 勘弁
20 調和 ＝ 均衡
21 荘重 ＝ 厳粛
22 猛者 ＝ 豪傑
23 辛酸 ＝ 困窮
24 降格 ＝ 左遷
25 譲歩 ＝ 妥協
26 熟知 ＝ 通暁
27 根絶 ＝ 撲滅
28 筋道 ＝ 脈絡
29 平穏 安泰 ＝ 安寧
30 推移 ＝ 沿革
31 気分 ＝ 機嫌
32 貧困 ＝ 窮乏
33 折衝 ＝ 交渉
34 妨害 ＝ 邪魔
35 処罰 ＝ 懲戒
36 激怒 ＝ 憤慨
37 反逆 ＝ 謀反
38 省略 ＝ 割愛
39 献上 ＝ 謹呈
40 難点 ＝ 欠陥
41 卓抜 ＝ 傑出
42 翼下 ＝ 傘下
43 非凡 ＝ 秀逸
44 豊富 ＝ 潤沢
45 回復 ＝ 治癒
46 屋敷 ＝ 邸宅
47 不意 ＝ 唐突
48 工事 ＝ 普請
49 手当 ＝ 報酬
50 死角 ＝ 盲点
51 心配 ＝ 憂慮
52 無欠 ＝ 完璧
53 隷属 ＝ 恭順
54 心配 ＝ 懸念
55 是認 ＝ 肯定
56 指揮 ＝ 采配
57 考慮 ＝ 酌量

苦手克服ポイント

同音・同訓異字の攻略法

熟語ごと覚えて、使い分けをマスター

配点20点
目標85%!

選択肢から、同音・同訓異字の使い分けを選ぶ問題。
二字熟語が８問、同訓異字が２問程度の出題が多い。
攻略のポイントは、漢字と一緒に「熟語を覚える」こと。
まずは、以下のよく出る漢字と熟語を丸暗記しよう。

いかん	移管	管理を移す。▼自治体へ移管する
	遺憾	期待通りでなく残念。▼遺憾の意をしめす
いっかつ	一喝	大声でしかりつける。▼息子を一喝した
	一括	一つにまとめる。▼一括購入する
おうしゅう	応酬	やりとりする。▼議論の応酬が続く
	押収	差し押さえる。▼証拠品を押収する
	欧州	ヨーロッパ。▼欧州に旅行する
おか	犯す	法律、規則を破る。▼法を犯す
	冒す	困難なことをあえてする。▼危険を冒す
か	刈る	茂ったものを切り払う。▼芝生を刈る
	駆る	馬や車を走らせる。▼馬を駆っていく
かいきん	皆勤	休まず出席する。▼皆勤賞をもらった
	開襟	えりが開いている。▼開襟シャツを着る
かいこん	悔恨	悔やむ。▼悔恨の念にかられる
	開墾	山野を耕地にする。▼荒れ地を開墾する
かびん	花瓶	花を差し入れる器。▼花瓶に花を生ける
	過敏	敏感に感じる。▼神経の過敏な人だ
かわ	渇く	水分が欲しくなる。▼喉が渇く
	乾く	湿気がなくなる。▼洗濯物が乾く
かんげん	管弦	管楽器と弦楽器。▼管弦楽曲を聴く
	還元	もどす。酸素を取り除く。▼利益を社会に還元する
かんさん	換算	別の単位に計算しなおす。▼メートル法に換算する
	閑散	ひっそりとした。暇。▼平日は閑散としている
かんせい	管制	強制的に管理。制御する。▼離着陸を管制する
	閑静	ひっそりとして静か。▼閑静な住宅街
かんてい	官邸	政府が用意する住宅。▼首相官邸で取材する

- **鑑定** 真偽などを判定する。▼筆跡を鑑定する
- **急逝《きゅうせい》** 急死。▼芸能人が急逝した
- **旧姓** 元の姓。▼母の旧姓を聞く
- **巨費《きょひ》** 巨額の費用。▼巨費を投じる
- **拒否** 断る。拒む。▼要求を拒否する
- **均衡《きんこう》** つり合いがとれている。▼勢力は均衡している
- **近郊** 都市周辺の郊外。▼東京近郊に住む
- **琴線《きんせん》** 琴の糸。心の奥。▼琴線に触れる言葉だ
- **金銭** お金。▼金銭感覚が合わない
- **渓谷《けいこく》** 谷間。▼渓谷で紅葉を楽しむ
- **警告** 戒め。注意。▼事前に警告する
- **検疫《けんえき》** 感染症拡大予防のための検査。▼空港で検疫を受ける
- **権益** 権利と利益。▼他国での権益を失う

- **懸賞《けんしょう》** 賞金・賞品をかける。▼犯人に懸賞をかける
- **検証** 調べて実証する。▼仮説を検証する
- **献上《けんじょう》** 差し上げる。▼特産品を献上する
- **謙譲** へりくだる。▼謙譲語は敬語の一つだ
- **懲《こ》りる** 痛手を受けもうやらないこと。▼失敗に懲りた
- **凝る** 熱中する。固くなる。▼肩が凝る
- **交渉《こうしょう》** 話し合う。関係をもつ。▼犯人と交渉する
- **高尚** 低俗でなく、立派。▼高尚な趣味の持ち主だ
- **控訴《こうそ》** 上級裁判所に審査を求める。▼原告側が控訴した
- **酵素** 細胞で作られる物質。▼酵素には触媒作用がある
- **皇帝《こうてい》** 帝国の君主。▼秦の始皇帝は有名だ
- **肯定** その通りと認める。▼意見を肯定する
- **更迭《こうてつ》** 役職を解く。解任。▼首相が大臣を更迭した

- **鋼鉄** 鋼。固い鉄。▼鋼鉄製の剣
- **告示《こくじ》** 広く知らせる。▼選挙が告示される
- **酷似** ひどく似ている。▼作品が酷似している
- **採譜** 楽譜に書き取る。▼民謡を採譜した
- **財布《さいふ》** 金銭を入れる袋。▼黄色い財布を買う
- **査証《さしょう》** 旅券の裏書。ビザ。▼査証を発給する
- **詐称** 偽って告げる。▼経歴を詐称する
- **傘下《さんか》** 支配や影響をうける。▼大企業の傘下に入る
- **惨禍** むごい災難。▼戦争の惨禍に目を覆う
- **指紋** 指先の模様。▼指紋の跡がつく
- **諮問《しもん》** (有識者に)意見を聞く。▼専門委員会に諮問する
- **謝恩《しゃおん》** 受けた恩に感謝する。▼謝恩会を開く
- **遮音** 音を遮る。▼部屋を遮音する

じゅうたい

渋滞 つかえて進まない。
▼交通渋滞に巻き込まれる

縦隊 縦方向に長く並んだ隊形。
▼三列縦隊に並ぶ

じゅうとう

充当 目的や用途に充てる。
▼人員を充当する

銃刀 銃や刀剣。
▼銃刀法違反で逮捕される

しゅこう

趣向 趣を出すための工夫。
▼趣向を凝らす

首肯 うなずく。認める。
▼首肯しかねる意見だ

じょうざい

浄財 寺院などに寄付するお金。
▼寺が浄財を募る

錠剤 一定の形にまとめた薬剤。
▼錠剤のかぜ薬を飲む

しょうれい

奨励 良いこととして勧める。
▼節約を奨励する

症例 病気の症状の例。
▼症例を報告する

す

酢 酸味の調味料。
▼酢の物を食べる

巣 鳥や虫の住みか。
▼鳥の巣を壊す

すいそう

吹奏 管楽器で演奏する。
▼校歌を吹奏する

水槽 みずおけ。魚を飼う容器。
▼水槽で熱帯魚を飼う

せいそう

星霜 年月。歳月。
▼幾星霜を経る

清掃 掃除をすること。
▼公園の清掃をする

せいちょう

整腸 腸の働きを整える。
▼整腸剤を飲む

清澄 すみきって清らか。
▼高原の空気は清澄だ

せんぱく

浅薄 考えなどが薄っぺらい。
▼浅薄な知識しかない

船舶 大型の船。
▼船舶免許を取る

そうさく

創作 作り出す。作品。
▼創作料理が得意だ

捜索 行方不明のものをさがす。
▼遭難者を捜索する

そうれつ

壮烈 勢いが激しい。
▼壮烈な最期をとげる

葬列 葬式の行列。
▼火葬場へと向かう葬列

そっこう

側溝 道や線路脇の溝。
▼側溝の泥をさらう

速攻 素早く攻める。
▼速攻で点を取る

てんか

添加 別のものを加える。
▼防腐剤を添加する

転嫁 他人になすりつける。
▼責任を転嫁する

てんじょう

天井 部屋の上部の面。
▼天井板をはがす

添乗 付き添って同乗する。
▼添乗員付きのツアー

とうき

投棄 投げ捨てる。
▼不法投棄を取りしまる

陶器 土を練り固めて焼いた器。
▼陶器市で器を買う

騰貴 値段が上がる。
▼石油価格が騰貴する

は

掃く ほうきでゴミを払う。
▼部屋を掃く

履く 履き物を足につける。
▼靴を履く

はけん

覇権 覇者としての権力。
▼覇権を握る

派遣 送り遣わす。
▼派遣会社に登録する

ひろう

披露 公表する。
▼披露宴に招待する

疲労 疲れ。
▼疲労を回復させる

ふよう

扶養
やしなう。
▼両親を扶養する

浮揚
浮かびあがる。
▼景気浮揚策を打ち出す

へいこう

平衡
つりあいが取れている。
▼平衡感覚がくるう

閉口
困る。言葉に詰まる。
▼母の小言に閉口した

ほ

掘る
穴をあける。
▼地面を掘る

彫る
くり抜く。きざむ。
▼木の板を彫る

帆
風を受けて船を進ませる幕。
▼帆を上げる

穂
長い軸に花や実がつくもの。
▼イネの穂が出る

ぼうえき

貿易
外国との商取引。
▼貿易で利益を出す

防疫
伝染病の侵入を防ぐ。
▼防疫体制を強化する

ぼうとう

暴騰
価格が急激に上がる。
▼原油価格が暴騰する

冒頭
最初の部分。
▼冒頭が有名な小説だ

ほんそう

奔走
忙しく走り回る。
▼資金集めに奔走する

本葬
密葬の後の大規模な葬儀。
▼本葬に参列する

ほんぽう

奔放
思うままに振る舞う。
▼奔放な性格だ

本邦
この国。我が国。
▼本邦初公開の映画だ

むね

旨
狙い。心の内。
▼その旨を伝える

棟
屋根の高いところ。棟木。
▼家の棟上げを行う

も

喪
縁者の死後、一定期間慎む。
▼喪に服す

藻
水中に生える草。
▼水槽に藻が生える

漏れる
すきまから抜け落ちる。
▼水が漏れる

盛る
容器を満たす。積み上げる。
▼ご飯を盛る

ゆうかい

誘拐
だまして人を連れ去る。
▼邦人が誘拐される

融解
溶かすこと。
▼雪が融解する

ゆうきゅう

悠久
長く続くこと。
▼悠久の自然をめでる

有給
給与が払われる休暇。
▼有給休暇を取る

ゆうし

有刺
とげが出ている。
▼有刺鉄線を張る

融資
資金を融通する。
▼銀行の融資を受ける

苦手克服ポイント

誤字訂正の攻略法

二字熟語の語彙力を高めよう

配点10点
目標80%!

文章の中の間違いを見つけて、正しい字を書く問題。正しい熟語の知識が問われている。押さえておくポイントは以下の通り。

①二字熟語の中に誤字が含まれている場合が多い
②誤字のパターンは次の2パターン
・形が似ている漢字
例 …× 往複 → ○往復
・使い分けの知識が必要
例 …× 音楽観賞 → ○音楽鑑賞（観賞は見て楽しむもの）

対策には語彙力を鍛えるしかない。漢字と共に二字熟語を覚えよう!
「対義語・類義語」「漢字識別」の対策にもなる。

1	賢彰	顕彰
2	賓発	頻発
3	免益	免疫
4	模策	模索
5	賠傷	賠償
6	土条	土壌
7	到乗	搭乗
8	射断	遮断
9	遭策	捜索
10	高謄	高騰
11	空同	空洞
12	金優	金融
13	貢建	貢献
14	償励	奨励
15	訴紹	訴訟
16	送行会	壮行会
17	排棄物	廃棄物
18	並設	併設
19	干型	干潟
20	枯割	枯渇
21	欺造	偽造
22	詐擬	詐欺
23	発屈	発掘
24	構買	購買
25	策除	削除
26	後遺傷	後遺症
27	蒸造	醸造
28	甚速	迅速
29	分積	分析
30	節盗	窃盗

31 消火泉→消火栓
32 贈提→贈呈
33 撤夜→徹夜
34 徹収→撤収
35 陪償→賠償
36 貨丙→貨幣
37 有予→猶予
38 応収→押収
39 往行→横行
40 加重（な労働）→過重
41 換起→喚起
42 寛和→緩和
43 儀牲→犠牲
44 究屈→窮屈
45 居絶→拒絶

46 筋張→緊張
47 先区→先駆
48 攻激→攻撃
49 購義→講義
50 攻献→貢献
51 差取→詐取
52 汁満→充満
53 臨症医→臨床医
54 清剰→清浄
55 （患者を）見る→診る
56 遂進→推進
57 病層→病巣
58 浴相→浴槽
59 操備→装備
60 相遇→遭遇

61 一旦（を担う）→一端
62 徳励→督励
63 徳志家→篤志家
64 派握→把握
65 栽倍→栽培
66 煩殖→繁殖
67 被露→披露
68 墳火→噴火
69 房大→膨大
70 僕滅→撲滅
71 憂福→裕福
72 支縁→支援
73 快護→介護
74 一該→一概
75 地核変動→地殻変動

76 一渇→一喝
77 疾陥→疾患
78 遺感→遺憾
79 環暦→還暦
80 観定→鑑定
81 歓落→陥落
82 企与→寄与
83 寄願→祈願
84 危餓→飢餓
85 余義→余儀
86 逆待→虐待
87 （歯の）強正→矯正
88 継機→契機
89 径谷→渓谷
90 生態形→生態系

苦手克服ポイント

送りがなの攻略法

よく出る「例外」だけチェック!

配点10点
目標90%!

送りがなは、漢字を読みやすいようにつけるひらがな。原則は以下のルールでつけられるが、漢検では【例外】が問われやすい。例外を中心に覚えよう。

原 則

①読みが複数あるときは、その読み分けができるようにつける
例 …起きる―起こす、当てる―当たる、染まる―染める

②「活用語尾」から送る
例 …走らない、走ります、走る→「はし」の後の読みが変わる部分からつける

例 外

①「しい」で終わる形容詞は「しい」を送る　例 …楽しい、新しい
②「か」「やか」「らか」はひらがなにする　例 …細やか、明らか、安らか
③単語ごとに覚えるしかないもの　例 …危ない、勤める、確かめる

1	船底がコワレル。	壊れる
2	流行にウトイ。	疎い
3	反旗をヒルガエス。	翻す
4	料理がコゲル。	焦げる
	失敗にアセル。	焦る
5	目をオオウ。	覆う
	常識をクツガエス。	覆す
6	人ごみにマギレル。	紛れる
7	言葉をツムグ。	紡ぐ
8	ウヤウヤシイ態度。	恭しい
9	星がマタタク。	瞬く
10	勘違いもハナハダシイ。	甚だしい
11	壁をヘダテル。	隔てる
12	計画をクワダテル。	企てる
13	捕虜をシイタゲル。	虐げる

14	日差しをサエギル。	遮る
15	武芸にヒイデル。	秀でる
16	技術をツチカウ。	培う
17	イヤシイ性格だ。	卑しい
18	無礼な態度にイキドオル。	憤る
19	気持ちがユレル。	揺れる
20	費用を寄付でマカナウ。	賄う
21	窮地にオチイル。	陥る
	敵をオトシイレル。	陥れる
22	対象をセバメル。	狭める
	部屋がセマイ。	狭い
23	牛の角をタメル。	矯める
24	人質をオドス。	脅す
	人権をオビヤカス。	脅かす
25	趣向をコラス。	凝らす

26	目標を**カカゲル**。	掲げる
27	**イサギヨイ**態度。	潔い
28	寝坊して**アワテル**。	慌てる
29	友人を**ソソノカス**。	唆す
30	外出を**シブル**。	渋る
31	喉を**ウルオス**。	潤す
	目が**ウルム**。	潤む
32	雰囲気を**カモス**。	醸す
33	相手を**ハズカシメル**。	辱める
34	腰を**スエル**。	据える
35	命が**オシイ**。	惜しい
36	敵の侵攻を**ハバム**。	阻む
37	平静を**ヨソオウ**。	装う
38	犯人を**コラシメル**。	懲らしめる
39	国を**スベル**。	統べる
40	風習が**スタレル**。	廃れる
41	相手を**アナドル**。	侮る
42	貢物を**タテマツル**。	奉る
43	生徒を教え**サトス**。	諭す
44	寒さが**ユルム**。	緩む
45	計画が**スデニ**ばれた。	既に
46	相手に**イツワル**。	偽る
	ニセ札が見つかる。	偽
47	**カシコイ**選択だ。	賢い
48	夜が**フケル**。	更ける
	サラニ雪が積もる。	更に
49	**イロドリ**の良い弁当。	彩り
	花火が夜空を**イロドル**。	彩る
50	**スイ**も甘いもかみ分ける。	酸い
51	**ミニクイ**あひるの子。	醜い
52	靴下の穴を**ツクロウ**。	繕う
53	遺体を**ホウムル**。	葬る
54	進行が**トドコオル**。	滞る
55	体を**キタエル**。	鍛える
56	青空を**ナガメル**。	眺める
57	油に**ツケル**。	漬ける
58	**サダカ**ではない。	定か
59	**ワズラワシイ**作業だ。	煩わしい
60	**カンバシイ**香りの花。	芳しい
61	成長を**サマタゲル**。	妨げる
62	つたが**カラマル**。	絡まる
63	ためいきが**モレル**。	漏れる
64	弟を**ナグサメル**。	慰める
65	波が**オダヤカダ**。	穏やかだ
66	娘が**トツグ**。	嫁ぐ
	花**ヨメ**衣装。	嫁
67	**アヤマチ**を犯す。	過ち
	反省の日々を**スゴス**。	過ごす
68	行動を**アヤシム**。	怪しむ
69	板が**クチル**。	朽ちる
70	妥協を**コバム**。	拒む
71	**イコイ**の場だ。	憩い
	家族と**イコウ**。	憩う
72	計画に**タズサワル**。	携わる
73	信頼が**アツイ**。	厚い
74	マッチを**スル**。	擦る
75	手当を**ホドコス**。	施す
76	A**モシクハ**Bだ。	若しくは
	ワカイ先生が着任する。	若い

苦手克服ポイント

書き取りの攻略法

訓読みを得点源にする
正しくていねいに書こう

配点50点
目標85%!

カタカナを漢字に直す問題。読みと同様に音読みと訓読みがバランスよく出される。つまり、訓読みがくり返し出やすいのも同じ。まず「よく出る訓読み」から覚えよう。その漢字特有の骨組み（字体）が読み取れなかったり、誰がみてもその字であると判断できなかったりすると不正解となる。解答をよく見て、お手本と違っている部分がないかチェックしよう。「自分のクセ」には気づきにくいので、友達や家族に採点してもらうのもひとつの方法。

1	**スリ**傷が絶えない。	擦
2	日々の努力を**オコタ**る。	怠
3	悪を**コ**らしめる。	懲
4	兄はすぐ話に口を**ハサ**む。	挟
5	未来を**ニナ**う若者だ。	担
6	**ウ**き目に遭う。	憂
7	怪しい雰囲気を**カモ**し出す。	醸
8	前評判を**クツガエ**す。	覆
9	ぞんざいな対応に**イキドオ**る。	憤
10	犬と**タワム**れる。	戯
11	**チギ**りを交わす。	契
12	**ネンゴ**ろにもてなす。	懇
13	自然を**イツク**しむ。	慈
14	ものかげに**ヒソ**む。	潜
15	**アセ**って手をけがした。	焦
16	勢いが**オトロ**える。	衰
17	将来を**チカ**う。	誓
18	大物を**ツ**り上げる。	釣
19	敵を**アナド**る。	侮
20	友人を**ナグサ**める。	慰
21	**オロシネ**が上がる。	卸値
22	顔が**ホテ**った。	火照
23	のどが**カワ**く。	渇
24	**ヒガタ**は生物の宝庫だ。	干潟
25	進退が**キワ**まった。	窮
26	**キョウシュウ**を誘う風景。	郷愁

27	**オオ**せのままに従う。	仰
28	ソロキャンプに**コ**っている。	凝
29	**サト**りを開く。	悟
30	過去に**コウデイ**する。	拘泥
31	試合で**ザンパイ**した。	惨敗
32	勘違いも**ハナハ**だしい。	甚
33	畑に**ウネ**を作る。	畝
34	料理に**シタツヅミ**を打つ。	舌鼓
35	曲を**カナ**でる。	奏
36	水槽に**モ**がはえる。	藻
37	地方に**オモム**く。	赴
38	思いが**ツノ**る。	募
39	生徒に**シタ**われる教師。	慕
40	道の**カタワ**らで座り込む。	傍
41	白髪で**フ**けて見える。	老
42	**マカナ**い飯を食べる。	賄
43	**アワ**れみをさそう。	哀
44	小売店に**オロ**す。	卸
45	よく**ナツ**くねこだ。	懐
46	卵の**カラ**をむく。	殻
47	冷静**カ**つ迅速に対応する。	且
48	会社の**モトイ**を築く。	基
49	**ウヤウヤ**しくおじぎする。	恭
50	勢力の**キンコウ**を保つ。	均衡
51	**エリ**を正す。	襟
52	虫を**イヤ**がる。	嫌
53	弓に**ツル**を張る。	弦
54	**コウイン**矢のごとし。	光陰
55	**ツナ**引き大会に出る。	綱
56	弟を**ソソノカ**す。	唆
57	**ウジガミ**様を奉る。	氏神
58	日差しを**サエギ**る。	遮
59	相手の意図を**ク**む。	酌
60	**シブ**い顔をする。	渋
61	雨で空気が**ウルオ**う。	潤
62	へその**オ**を保管する。	緒
63	差し**サワ**りがある。	障
64	服を**タタ**む。	畳
65	塩**カラ**い味付け。	辛

66	言い訳してとり**ツクロ**う。	繕
67	体を引き**シ**める。	締
68	責任を**テンカ**する。	転嫁
69	家の**ムネア**げを祝う。	棟上
70	国を**ス**べる。	統
71	友情を**ツチカ**う。	培
72	けがをして五針**ヌ**った。	縫
73	**カンバ**しい香りだ。	芳
74	かいこの**マユ**から絹糸をつむぐ。	繭
75	肝に**メイ**じる。	銘
76	**アミダナ**にかばんを忘れる。	網棚
77	生徒を教え**サト**す。	諭
78	**ユイショ**正しい寺だ。	由緒
79	飛行機が激しく**ユ**れる。	揺
80	つたが**カラ**まる。	絡
81	情報がどこからか**モ**れた。	漏
82	**ウデキ**きの絵師だ。	腕利
83	**アマモ**りを補修する。	雨漏
84	**ヨコナグ**りの雨。	横殴
85	時間を**カセ**ぐ。	稼
86	**ユル**やかに成長する。	緩
87	道が**カンボツ**した。	陥没
88	**ウ**えをしのぐ。	飢
89	出自を**イツワ**る。	偽
90	**ニセサツ**が見つかる。	偽札
91	捜査員を**アザム**く。	欺
92	組織内で**シイタ**げられる。	虐
93	激しく**セ**り合う。	競
94	当選の**アカツキ**には全力を尽くす。	暁
95	敵を**クチク**する。	駆逐
96	**オロ**かな王を倒す。	愚
97	時代を**へ**ても変わらない。	経
98	鋼鉄の**ツルギ**で攻撃する。	剣
99	寺を**コンリュウ**する。	建立
100	外野手同士が**コウサク**した。	交錯
101	**タク**みな話術で売り込む。	巧
102	お返事いただければ**コウジン**です。	幸甚
103	柔よく**ゴウ**を制す。	剛
104	**コクビャク**をあらそう。	黒白

105	母は**ヨウツウ**に悩んでいる。	腰痛
106	**タマシイ**を込める。	魂
107	粉々に**クダ**く。	砕
108	しのぎを**ケズ**る。	削
109	本の**サクイン**から探す。	索引
110	**ミジ**めな思いをする。	惨
111	**ウブゲ**をそる。	産毛
112	**シャフツ**消毒する。	煮沸
113	池の水が**ジュンカン**する。	循環
114	豚に**シンジュ**。	真珠
115	**コウゴウ**しいほどの姿だ。	神々
116	**ジンリン**にもとる非道な行為。	人倫
117	**ミズギワ**で対策する。	水際
118	立つ**セ**がない。	瀬
119	別れを**オ**しむ。	惜
120	空を赤く**ソ**める。	染
121	国の**イシズエ**を築く。	礎
122	連覇を**ハバ**む。	阻
123	**ソウゴン**な雰囲気だ。	荘厳
124	反省を**ウナガ**す。	促
125	家事の手伝いで**ダチン**をもらう。	駄賃
126	**タダ**し書きを読む。	但
127	山の**ハ**から日が昇る。	端
128	**チュウシン**から謝罪する。	衷心
129	型に流して鉄器を**イ**る。	鋳
130	回復の**キザ**しが見える。	兆
131	記録に**イド**む。	挑
132	海づりの**チョウカ**を自慢する。	釣果
133	酒を飲んで**デイスイ**する。	泥酔
134	雨の**シズク**が落ちる。	滴
135	関税を**テッパイ**する。	撤廃
136	恩師の死を**イタ**む。	悼
137	努力の成果が**ニョジツ**に現れる。	如実
138	**ネング**の納め時だ。	年貢
139	登山は危険を**トモナ**う。	伴
140	**ボンノウ**にさいなまれる。	煩悩
141	在庫が**フッテイ**する。	払底
142	闇に**マギ**れて行動する。	紛
143	**ヒョウロウ**がつきて戦に負けた。	兵糧

144	会場の**カタスミ**で休む。	片隅
145	賄賂のお礼に**ベンギ**をはかる。	便宜
146	たけのこの**ホサキ**はやわらかい。	穂先
147	**ホウカツ**的な契約を結ぶ。	包括
148	雑草の成長を**サマタ**げる。	妨
149	お城の**ホリ**に白鳥がすむ。	堀
150	**マブカ**にぼうしをかぶる。	目深
151	茶器の**メキ**きをする。	目利
152	屋敷の**モンピ**をとざす。	門扉
153	知る**ヨシ**もない。	由
154	万博を**ユウチ**する。	誘致
155	称号を**ホッ**する。	欲
156	思い付きを**ラレツ**する。	羅列
157	靴を**ハ**く。	履
158	**タツマキ**の被害を受ける。	竜巻
159	成長の**カテ**にする。	糧
160	**リンリ**観が欠如している。	倫理
161	熊よけの**スズ**を鳴らす。	鈴
162	**アイソ**よく振る舞う。	愛想
163	**アクセン**身につかず。	悪銭
164	**イサイ**を放つ。	異彩
165	**イロウ**なく進める。	遺漏
166	**ヒトキワ**目立つ俳優だ。	一際
167	好機を**イッ**する。	逸
168	**イナホ**の実る季節。	稲穂
169	**カチュウ**に身を投じる。	渦中
170	**ウンデイ**の差がある。	雲泥
171	**サルシバイ**を演じる。	猿芝居
172	名を**ケガ**す行為だ。	汚
173	書類に**オウイン**する。	押印
174	姉が**トツ**ぐ。	嫁
175	**アヤマ**ちに気付く。	過
176	**カ**の羽音が気になる。	蚊
177	申し出を**カイダク**する。	快諾
178	弟を菓子で**カイジュウ**する。	懐柔
179	**ガクフ**を見て演奏する。	楽譜
180	日照りで**カッスイ**になる。	渇水
181	地位を**カツボウ**する。	渇望
182	始めが**カンヨウ**だ。	肝要

183	木が**マルハダカ**になる。	丸裸
184	**イ**まわしい記憶を消す。	忌
185	**キセイ**概念を打ち破る。	既成
186	**キガ**に苦しむ。	飢餓
187	完封負けを**キッ**した。	喫
188	警官から**キツモン**された。	詰問
189	影響を**オヨ**ぼす。	及
190	価格が**キュウトウ**する。	急騰
191	友人宅に**イソウロウ**する。	居候
192	**キョウジン**に倒れる。	凶刃
193	世界**キョウコウ**が起こる。	恐慌
194	**キョウリョウ**な態度に落胆した。	狭量
195	**タ**めるなら若木のうち。	矯
196	地位を**オビヤ**かす。	脅
197	**エリモト**が開いた服。	襟元
198	**ツツシ**んでお礼申し上げる。	謹
199	馬で草原を**カ**ける。	駆
200	部屋の**スミ**を掃除する。	隅
201	父の**クントウ**を受ける。	薫陶
202	事件を**ケイキ**に制度が変わる。	契機
203	**ケイリュウ**で釣りを楽しむ。	渓流
204	**ケイコウ**灯を交換する。	蛍光
205	**ケイセツ**の功を積む。	蛍雪
206	**ニワトリ**を飼う。	鶏
207	**ケンアン**事項が解決した。	懸案
208	**マボロシ**を見る。	幻
209	**ゲンソウ**的な風景だ。	幻想
210	**コドク**感に悩む。	孤独
211	**ユエ**あって話せない。	故
212	**コショウ**の多い地域だ。	湖沼
213	**クドク**を積む。	功徳
214	**アワ**てて飛び出した。	慌
215	**ミゾ**が深まる。	溝
216	亀の**コウラ**を触る。	甲羅
217	**コウリョウ**とした原野。	荒涼
218	**コウバイ**力が上昇する。	購買
219	本物に**コクジ**した粗悪品だ。	酷似
220	相手の**コンタン**を見抜く。	魂胆
221	返済を**サイソク**する。	催促

※「漢字検定」「漢検」は、公益財団法人 日本漢字能力検定協会の登録商標です。

受検をお考えの方は、必ずご自身で公益財団法人 日本漢字能力検定協会の発表する最新情報をご確認ください。
ホームページ：https://www.kanken.or.jp/kanken/
【試験に関する問い合わせ】
・ホームページ（問い合わせフォーム）：https://www.kanken.or.jp/kanken/contact/
・電話：0120-509-315

完全合格！　漢検2級 実戦模試

編　者　資格試験対策研究会
発行者　高橋秀雄
編集者　梅野浩太
発行所　株式会社 高橋書店
〒170-6014 東京都豊島区東池袋3-1-1 サンシャイン60 14階
電話　03-5957-7103

ISBN978-4-471-27545-7　©TAKAHASHI SHOTEN　Printed in Japan

本書の内容についてのご質問は「書名、質問事項（ページ、内容）、お客様のご連絡先」を明記のうえ、郵送、FAX、ホームページお問い合わせフォームから小社へお送りください。

回答にはお時間をいただく場合がございます。また、電話によるお問い合わせ、本書の内容を超えたご質問にはお答えできませんので、ご了承ください。本書に関する正誤等の情報は、小社ホームページもご参照ください。

【内容についての問い合わせ先】
書　面　〒170-6014 東京都豊島区東池袋3-1-1 サンシャイン60 14階　高橋書店編集部
ＦＡＸ　03-5957-7079
メール　小社ホームページお問い合わせフォームから　(https://www.takahashishoten.co.jp/)

【不良品についての問い合わせ先】

ページの順序間違い・抜けなど物理的欠陥がございましたら、電話03-5957-7076へお問い合わせください。

ただし、古書店等で購入・入手された商品の交換には一切応じられません。

完全合格！　漢検２級 実戦模試

別冊　解答・解説

予想模擬テスト　標準解答

※解答が2つ以上ある場合、そのうち１つが正しく書かれていれば正解です。答えを複数書いた場合、そのうち1つでも間違ってしまうと不正解になります。
※漢字は楷書でていねいに書く必要があります。38ページの注意点もチェックしましょう。

第1回

予想模擬テスト〈標準解答〉

本冊 P.6～P.11

1 読み

①ほうび
②せじょう
③ひけん
④そしょう
⑤そっこう
⑥たんざく
⑦かどう
⑧へんせん
⑨かんにん
⑩こうじょ
⑪あっさく
⑫しゅびょう
⑬ふってい
⑭まもう
⑮ちょうもん
⑯ぜんぞう
⑰はんかん
⑱けんお
⑲えいそう
⑳ゆうぜい
㉑なつ
㉒す
㉓はずかし
㉔つむ
㉕またた
㉖したた
㉗わずら
㉘おびや
㉙うずしお
㉚たづな

2 部首

①戸
②爫
③石
④虍
⑤缶
⑥田
⑦廾
⑧旡
⑨亠
⑩ノ

3 熟語の構成

①イ　多寡　多い⇔寡（少ない）
②イ　往還　往⇔還
③イ　早晩　早⇔晩
④ア　逸脱　逸＝脱
⑤エ　収賄　収める←賄賂を
⑥ア　媒介　媒＝介
⑦オ　未詳　詳しく知らない
⑧ア　剰余　剰＝余
⑨イ　抑揚　抑える⇔はりあげる
⑩ウ　酪農　酪（乳の）→農業

4 四字熟語

問1

①泰《たい》山《ざん》北《ほく》斗《と》
一つの分野で最も優れている人物のこと。

②安《あん》寧《ねい》秩《ちつ》序《じょ》
世の中が平穏であること。

③危《き》急《きゅう》存《そん》亡《ぼう》
生きるか死ぬかの瀬戸際のこと。

④孤《こ》軍《ぐん》奮《ふん》闘《とう》
一人で懸命に戦うこと。

⑤妙《みょう》計《けい》奇《き》策《さく》
他の人の思いつかないような巧みなはかりごとのこと。

⑥和《わ》衷《ちゅう》協《きょう》同《どう》
互いに心を合わせ、協力して事に当たること。

⑦白《はく》砂《しゃ》青《せい》松《しょう》
日本のきれいな海岸の例え。

⑧教《きょう》唆《さ》扇《せん》動《どう》
人をたきつけて行動するように仕向けること。

⑨秋《しゅう》霜《そう》烈《れつ》日《じつ》
刑罰や法令などを非常に厳しく行うこと。

⑩巧《こう》言《げん》令《れい》色《しょく》
上辺だけ整えて愛想良くする様子。

問2

⑪ク
⑫ウ
⑬イ
⑭カ
⑮コ

5 対義語・類義語

対義語

①横柄⇔謙虚
②下落⇔騰貴
③隆起⇔陥没
④暴露⇔秘匿
⑤哀悼⇔慶賀

類義語

⑥混乱≒紛糾
⑦互角≒伯仲
⑧功名≒殊勲
⑨抜粋≒抄録
⑩猛者≒豪傑

6 同音・同訓異字

①惨禍
②傘下
③船舶
④浅薄
⑤開襟
⑥皆勤
⑦更迭
⑧鋼鉄
⑨旨
⑩棟

7 誤字訂正

①健→顕
②塔→搭
③賞→償
④堂→洞
⑤将→奨

8 送りがな

①翻し
②焦る
③恭しい
④憤る
⑤奉る

9 書き取り

①郷愁
②転嫁
③拘泥
④均衡
⑤嘱託
⑥由緒
⑦駆逐
⑧人倫
⑨循環
⑩索引
⑪擦
⑫懲
⑬挟
⑭覆
⑮戯
⑯甚
⑰悟
⑱畝
⑲弦
⑳渇
㉑締
㉒老
㉓光陰
㉔年貢
㉕釣

解説

1 読み

③比肩…肩を並べる。匹敵する。
⑬払底…底が見えるまで使い果たす。不足する。
⑮聴聞…行政機関が決定をする場合に相手方に与える、意見を述べる機会。
⑳遊説…自分の意見。主張などを説いて歩くこと。

2 部首

③磨……形の似た「摩」の部首は手。「魔」の部首は鬼。
⑧既……部首は「无」(すでのつくり)。

3 熟語の構成

⑨抑揚…文章や音声などで、調子を上げ下げする。

4 四字熟語

⑦白砂青松…白砂は（はくさ）とも読む。

5 対義語・類義語

⑦伯仲…兄と弟。力がつり合っていること。

9 書き取り

①郷愁…故郷を懐かしく思う気持ち。
③拘泥…一つのことにこだわること。
⑧人倫…人として守るべき道のこと。
⑰悟る…はっきりと理解すること。
⑱畝……作物を育てるために土を盛り上げたところ。
㉓光陰…月日や年月のこと。

第2回 予想模擬テスト〈標準解答〉

本冊 P.12〜P.17

1 読み

①びょうそう
②がんぜ
③えとく
④おうへい
⑤るふ
⑥きょうりょう
⑦へいこう
⑧せいそう
⑨すうこう
⑩ふせつ
⑪きゅうめい
⑫そうけん
⑬はっぴ
⑭こしょう
⑮こかつ
⑯てっしょう
⑰ふゆう
⑱おういん
⑲ごばん
⑳きょうほん
㉑ひるがえ
㉒く
㉓なら
㉔こと
㉕はば
㉖みつ
㉗い
㉘ほっ
㉙うれ
㉚よ

2 部首

①宀
②自
③木
④刀
⑤欠
⑥至
⑦止
⑧目
⑨門
⑩𧾷

3 熟語の構成

①エ　争覇　争う←覇を
②エ　折衷　折る←なかほどに
③イ　巧拙　巧み⇔拙い
④ア　擬似　擬（まがい）≒似ている
⑤ウ　公僕　公の→僕（しもべ）
⑥ウ　旋風　回転する→風
⑦ウ　浄財　けがれのない→お金
⑧ウ　誓詞　誓いの→言葉
⑨ウ　奇遇　思いがけない→出会い
⑩ア　愚痴　愚（おろか）≒痴

4 四字熟語

問1

①精進潔斎《しょうじんけっさい》
飲食をせずに身を清めること。

②群雄割拠《ぐんゆうかっきょ》
数多の英傑が勢力を築いて戦うこと。

③厚顔無恥《こうがんむち》
遠慮がなく他人の迷惑を一切考えないこと。

④軽挙妄動《けいきょもうどう》
何も考えずに行動すること。

⑤比翼連理《ひよくれんり》
男と女が仲むつまじいこと。

⑥雲泥万里《うんでいばんり》
とても大きな差があること。

⑦破邪顕正《はじゃけんしょう》
誤った考えを倒して正しい考えを示すこと。

⑧昼夜兼行《ちゅうやけんこう》
一日中休まずに仕事をすること。

⑨気炎万丈《きえんばんじょう》
意気込みが盛んである様子。

⑩金城湯池《きんじょうとうち》
とても守りが固く、攻め入ることが困難なこと。

問2

⑪ケ
⑫カ
⑬オ
⑭キ
⑮ウ

5 対義語・類義語

対義語

① 祝賀⇔哀悼
② 混乱⇔秩序
③ 威圧⇔懐柔
④ 暫定⇔恒久
⑤ 率先⇔追随

類義語

⑥ 面倒＝厄介
⑦ 湯船＝浴槽
⑧ 無口＝寡黙
⑨ 奮戦＝敢闘
⑩ 貧乏＝困窮

6 同音・同訓異字

① 扶養
② 浮揚
③ 巨費
④ 拒否
⑤ 検疫
⑥ 権益
⑦ 奨励
⑧ 症例
⑨ 藻
⑩ 喪

7 誤字訂正

① 賓→頻
② 策→索
③ 操→捜
④ 灰→廃
⑤ 証→訟

8 送りがな

① 疎い
② 紛らわしい
③ 企てる
④ 慌ただしい
⑤ 陥れる

9 書き取り

① 如実
② 煩悩
③ 便宜
④ 駄賃
⑤ 門扉
⑥ 腰痛
⑦ 羅列
⑧ 煮沸
⑨ 建立
⑩ 払底
⑪ 怠
⑫ 殻
⑬ 挑
⑭ 舌鼓
⑮ 妨
⑯ 赴
⑰ 絡
⑱ 傍
⑲ 辛
⑳ 慈
㉑ 卸値
㉒ 衰
㉓ 幸甚
㉔ 黒白
㉕ 担

解説

1 読み

②頑是…分別。わきまえ。「頑是ない」で分別のつかない。無邪気。
⑧星霜…年月のこと。星が1年で天を1周し、霜は毎年降ることから。
⑪糾明…悪事などを問いただし明らかにすること。

2 部首

⑩疑……2級の範囲で部首が「疋」(ひき)の漢字はこれだけ。

4 四字熟語

⑦破邪顕正…顕正は(けんせい)とも読む。

5 対義語・類義語

③懐柔…相手をてなずけること。

8 送りがな

⑤陥……他に「陥(おちい)る」とも読む。

9 書き取り

③便宜…特別なはからい。
⑤門扉…外構に設ける門の扉。
⑦羅列…ずらりと並べること。
⑨建立…築き設けること。
⑮妨げる…邪魔すること。
㉔黒白…善と悪、是と非のこと。

第3回 予想模擬テスト〈標準解答〉

本冊 P.18～P.23

1 読み

①しっぺい
②いんじゅん
③ちゅうてん
④あいびょう
⑤かくちく
⑥だんじき
⑦しゃふつ
⑧きんせい
⑨ふつぎょう
⑩かもん
⑪けつぶつ
⑫ひっか
⑬しゅうぶん
⑭ひおう
⑮しょくさい
⑯くんとう
⑰はんか
⑱きょうしょう
⑲しょうそう
⑳しょうろく
㉑たまわ
㉒うるしぬ
㉓そそのか
㉔す
㉕さと
㉖いしずえ
㉗たわむ
㉘かも
㉙かな
㉚はなは

2 部首

①車
②瓦
③亠
④二
⑤弓
⑥歹
⑦巾
⑧尸
⑨儿
⑩辛

3 熟語の構成

①エ　叙勲　授ける↑勲章を
②エ　罷業　やめる↑仕事を
③イ　衆寡　多数⇕少数
④エ　享楽　受ける↑楽しみを
⑤ア　露顕　露（あらわ）‖顕
⑥イ　任免　任じる⇕免じる
⑦ウ　脚韻　脚をそろえた↓韻
⑧ウ　渉猟　歩き回ってする↓狩り
⑨ア　分析　分‖析（明らかにする）
⑩エ　還元　還す↑元の状態に

4 四字熟語

問1

①主《しゅ》客《かく》転《てん》倒《とう》
立場などの順序を逆にすること。

②森《しん》羅《ら》万《ばん》象《しょう》
世の中に存在するありとあらゆるもの。

③酒《しゅ》池《ち》肉《にく》林《りん》
ぜい沢を極めた宴のこと。

④唯《い》唯《い》諾《だく》諾《だく》
他人の意見に逆らわず言いなりになること。

⑤延《えん》命《めい》息《そく》災《さい》
災いが起きないように過ごし、寿命を延ばすこと。

⑥綱《こう》紀《き》粛《しゅく》正《せい》
国の規律を引き締めて、不正を戒めること。

⑦堅《けん》忍《にん》不《ふ》抜《ばつ》
じっとこらえて心を動かさないこと。

⑧快《かい》刀《とう》乱《らん》麻《ま》
いろいろなトラブルを鮮やかに解決すること。

⑨春《しゅん》宵《しょう》一《いっ》刻《こく》
春の夜は風情があり、大きな価値があるということ。

⑩鶏《けい》口《こう》牛《ぎゅう》後《ご》
小さな組織でもトップになったほうがいいこと。

問2

⑪ク
⑫ア
⑬エ
⑭コ
⑮イ

5 対義語・類義語

対義語

① 老巧⇔稚拙
② 偉大⇔凡庸
③ 汚濁⇔清澄
④ 名誉⇔恥辱
⑤ 褒賞⇔懲罰

類義語

⑥ 死亡＝逝去
⑦ 永遠＝悠久
⑧ 縁起＝由緒
⑨ 昼寝＝午睡
⑩ 根絶＝撲滅

6 同音・同訓異字

① 騰貴
② 投棄
③ 酷似
④ 告示
⑤ 壮烈
⑥ 葬列
⑦ 謝恩
⑧ 遮音
⑨ 帆
⑩ 穂

7 誤字訂正

① 情→壌
② 誘→融
③ 根→献
④ 型→潟
⑤ 策→削

8 送りがな

① 懐く
② 覆う
③ 隔てる
④ 矯める
⑤ 惜しむ

9 書き取り

① 惨敗
② 兵糧
③ 荘厳
④ 泥酔
⑤ 倫理
⑥ 陥没
⑦ 包括
⑧ 交錯
⑨ 撤廃
⑩ 発祥
⑪ 充血
⑫ 憤
⑬ 慰
⑭ 竜巻
⑮ 偽札
⑯ 砕
⑰ 凝
⑱ 漏
⑲ 鈴
⑳ 酌
㉑ 稼
㉒ 嫌
㉓ 真珠
㉔ 憂
㉕ 侮

解説

1 読み

②因循…ぐずぐずすること。古いしきたりを変えようとしない。
③沖天…高く天にのぼること。
⑤角逐…競り合うこと。
⑨払暁…明け方。
⑫筆禍…発表した記事や作品によって災いを受けること。炎上。
⑯薫陶…自己の徳で他人を感化する。
⑰頒価…非売品を実費で配るときの価格。

2 部首

④亜……「二」が部首の漢字は他に「互」「井」などがある。

5 対義語・類義語

⑥逝去…死ぬの敬語。

9 書き取り

①惨敗…さんざんに負けること。
②兵糧…戦争時における軍隊の食糧。
③荘厳…重々しく厳かなこと。
⑦包括…全体をひっくるめてまとめること。
⑬慰める…人の心を静めること。
⑳酌む…事情を推しはかること。

第4回 予想模擬テスト〈標準解答〉

本冊 P.24～P.29

1 読み

① じょうじゅ
② にょじつ
③ ちょうか
④ こうでい
⑤ いくびょう
⑥ えしゃく
⑦ しょうほん
⑧ ししゅく
⑨ ごんげ
⑩ せいちょう
⑪ つうぎょう
⑫ いっこん
⑬ きそう
⑭ たか
⑮ こうきょう
⑯ しゃっかん
⑰ おかん
⑱ ふじょ
⑲ ぐんじょう
⑳ ていげん
㉑ よそお
㉒ うと
㉓ は
㉔ にせ
㉕ つつさき
㉖ ながわずら
㉗ しいた
㉘ うるわ
㉙ あやま
㉚ た

2 部首

① 貝
② 耒
③ 衣
④ 音
⑤ 丶
⑥ 面
⑦ 止
⑧ 夕
⑨ 女
⑩ 隶

3 熟語の構成

① ア 弾劾 弾（せめる）≒劾
② イ 寛厳 寛大⇔厳格
③ イ 禍福 わざわい⇔幸福
④ オ 未来 未だ来ていない
⑤ エ 懐郷 懐かしむ←故郷を
⑥ エ 殉難 身を殉ずる←国難のために
⑦ オ 無窮 窮まることがない
⑧ イ 及落 及第⇔落第
⑨ ア 核心 核≒心
⑩ ウ 環礁 環状の→サンゴ礁

4 四字熟語

問1

① 百《ひゃく》八《はち》煩《ぼん》悩《のう》
人間が経験するさまざまな迷いや苦しみのこと。

② 枝《し》葉《よう》末《まっ》節《せつ》
あまり重要ではない細かなこと。

③ 詩《し》歌《か》管《かん》弦《げん》
詩や歌を詠んだり楽器を演奏すること。

④ 怒《ど》髪《はつ》衝《しょう》天《てん》
これ以上ないほどに怒ること。

⑤ 気《き》宇《う》壮《そう》大《だい》
心構えが立派なこと。

⑥ 英《えい》俊《しゅん》豪《ごう》傑《けつ》
人並外れた才能を持っている人のこと。

⑦ 隠《いん》忍《にん》自《じ》重《ちょう》
憤りを抑えて軽はずみな行動をしないこと。

⑧ 竜《りゅう》頭《とう》蛇《だ》尾《び》
最初の勢いはいいが、終盤は勢いがなくなること。

⑨ 円《えん》転《てん》滑《かつ》脱《だつ》
物事がすらすらと進んでいくこと。

⑩ 初《しょ》志《し》貫《かん》徹《てつ》
初めに決めたことを最後まで貫き通すこと。

問2

⑪ ケ
⑫ エ
⑬ ウ
⑭ ア
⑮ キ

5 対義語・類義語

対義語

① 巧妙⇔拙劣
② 高遠⇔卑近
③ 任命⇔罷免
④ 欠乏⇔充足
⑤ 進出⇔撤退

類義語

⑥ 残念＝遺憾
⑦ 歴然＝顕著
⑧ 堪忍＝勘弁
⑨ 譲歩＝妥協
⑩ 筋道＝脈絡

6 同音・同訓異字

① 浄財
② 錠剤
③ 高尚
④ 交渉
⑤ 旧姓
⑥ 急逝
⑦ 悠久
⑧ 有給
⑨ 履
⑩ 掃

7 誤字訂正

① 厄→疫
② 平→併
③ 訂→呈
④ 遊→猶
⑤ 講→購

8 送りがな

① 紡ぐ
② 瞬く
③ 秀でた
④ 脅かす
⑤ 渋い

9 書き取り

① 誘致
② 快諾
③ 布施
④ 契機
⑤ 蛍光
⑥ 魂胆
⑦ 魅了
⑧ 柔軟
⑨ 渇水
⑩ 洗濯
⑪ 酷似
⑫ 醸
⑬ 潜
⑭ 焦
⑮ 賄
⑯ 綱
⑰ 繕
⑱ 揺
⑲ 愚
⑳ 染
㉑ 腕利
㉒ 遮
㉓ 両雄
㉔ 緒
㉕ 襟

解説

1 読み

②如実…現実のままであること。
③釣果…釣れた魚の量。
④拘泥…必要以上にこだわること。
⑧私淑…直接教えを受けないが、ひそかに尊敬し、模範として学ぶこと。
⑪通暁…非常にくわしく知ること。
⑯借款…政府や公的機関の間における長期間にわたる資金の融資。
㉚矯める…矯正する。曲がったものを正しくする。

2 部首

⑤丹……「丶」（てん）が部首の漢字は他に「主」「丸」がある。

6 同音・同訓異字

①浄財…金銭や財産などを寺院や慈善のため寄付すること。

9 書き取り

②快諾…気持ちよく承知すること。
④契機…変化を起こす原因。
⑨渇水…河川などの水が枯れること。
⑪酷似…そっくりなこと。
⑮賄う…費用などを用意すること。
㉒遮る…行動などの邪魔をすること。

第5回

予想模擬テスト〈標準解答〉

本冊 P.30～P.35

1 読み

①こうし
②しゅんけつ
③あんぎゃ
④さんか
⑤とうほん
⑥こうずか
⑦そうぎょう
⑧すうよう
⑨おでい
⑩せんぷう
⑪ほうしょう
⑫きつもん
⑬ろくしょう
⑭しゅうか
⑮せいか
⑯ほんりゅう
⑰しょうりょう
⑱きょうさ
⑲かいきん
⑳ちくじ
㉑おこ
㉒いろど
㉓はか
㉔うれ
㉕つちか
㉖いさぎよ
㉗こ
㉘おとしい
㉙いな
㉚つつぬ

2 部首

①氺
②斉
③田
④彡
⑤幺
⑥一
⑦口
⑧亅
⑨氵
⑩山

3 熟語の構成

① イ　点滅　点（つく）⇕滅（消える）
② エ　忍苦　耐え忍ぶ↑苦しみを
③ ア　享受　享（受ける）＝受
④ ウ　貴賓　身分の高い↓客
⑤ ア　広漠　広い＝漠（果てしない）
⑥ エ　叙情　述べ表す↑感情を
⑦ エ　遵法　まもる↑法を
⑧ イ　需給　需要⇕供給
⑨ イ　疎密　まばら⇕密集した
⑩ エ　座礁　乗り上げる↑暗礁に

4 四字熟語

問1

① 懇《こん》切《せつ》丁《てい》寧《ねい》
とても手厚く配慮していること。

② 会《え》者《しゃ》定《じょう》離《り》
出会った人との別れは避けられないこと。

③ 禍《か》福《ふく》得《とく》喪《そう》
人生にはいい時もあれば悪い時もあるということ。

④ 多《た》岐《き》亡《ぼう》羊《よう》
選択肢が多すぎて何を選ぶべきか迷うこと。

⑤ 面《めん》目《もく》躍《やく》如《じょ》
世間の評判にふさわしい実力を発揮すること。

⑥ 志《し》操《そう》堅《けん》固《ご》
自分の考え方を一貫して守ること。

⑦ 普《ふ》遍《へん》妥《だ》当《とう》
いかなる条件にも当てはまること。

⑧ 汗《かん》牛《ぎゅう》充《じゅう》棟《とう》
持っている書籍の数がとても多いこと。

⑨ 夏《か》炉《ろ》冬《とう》扇《せん》
その時期に合わない必要のないもの。

⑩ 暖《だん》衣《い》飽《ほう》食《しょく》
何の不自由もない満ち足りた生活のこと。

問2

⑪ カ
⑫ イ
⑬ ケ
⑭ オ
⑮ ウ

5 対義語・類義語

対義語

① 愛護⇔虐待
② 尊敬⇔軽侮
③ 潤沢⇔枯渇
④ 真実⇔虚偽
⑤ 富裕⇔貧窮

類義語

⑥ 祝福≒慶賀
⑦ 公表≒披露
⑧ 荘重≒厳粛
⑨ 調和≒均衡
⑩ 脅迫≒威嚇

6 同音・同訓異字

① 応酬
② 押収
③ 趣向
④ 首肯
⑤ 有刺
⑥ 融資
⑦ 覇権
⑧ 派遣
⑨ 彫
⑩ 掘

7 誤字訂正

① 射→遮
② 荘→壮
③ 刃→迅
④ 鉄→徹
⑤ 斥→析

8 送りがな

① 甚だしい
② 卑しい
③ 賄う
④ 統べる
⑤ 諭す

9 書き取り

① 釣果
② 衷心
③ 令嬢
④ 削減
⑤ 慈悲
⑥ 礼節
⑦ 催促
⑧ 荒涼
⑨ 転換
⑩ 恐慌
⑪ 契
⑫ 誓
⑬ 慕
⑭ 火照
⑮ 芳
⑯ 畳
⑰ 卸
⑱ 縫
⑲ 網棚
⑳ 恭
㉑ 障
㉒ 且
㉓ 雄弁
㉔ 歳月
㉕ 飢

解説

1 読み

②俊傑…飛び抜けて優れた人物。
③行脚…諸国をめぐり歩いて修行すること。
⑥好事家…風流なものを好む人。ものずきな人。
⑧枢要…一番大切な所。
⑪褒賞…ほめることのしるしに与える物。
⑰渉猟…あちこち歩きまわって、さがし求めること。書物をたくさん読むこと。
⑳逐次…順を追って次々に。

2 部首

⑤幾……部首が「幺」(よう)の漢字は他に「幻」「幽」がある。

5 対義語・類義語

③枯渇…かれること。「涸渇」とも書く。

9 書き取り

②衷心…心の底から思うこと。
⑩恐慌…景気が一挙に後退する現象。
⑳恭しい…礼儀正しくつつしむこと。
㉔歳月…年月のこと。

第6回
予想模擬テスト〈標準解答〉

本冊 P.36～P.41

1 読み

① けんぽん
② でいたん
③ こうしょう
④ てきぎ
⑤ こうかく
⑥ がいかつ
⑦ ぼくめつ
⑧ ちょっかつ
⑨ とうじ
⑩ ふくいん
⑪ ぼくじゅう
⑫ とうせき
⑬ こくう
⑭ しへい
⑮ けんえん
⑯ じょうか
⑰ はき
⑱ ふうとう
⑲ きょうけん
⑳ きょうがい
㉑ しず
㉒ ねんご
㉓ かたわ
㉔ おごそ
㉕ かて
㉖ すた
㉗ わく
㉘ みが
㉙ すず
㉚ みぞ

2 部首

① 甘
② 穴
③ 門
④ 戈
⑤ 一
⑥ 貝
⑦ 頁
⑧ 虍
⑨ 方
⑩ 口

3 熟語の構成

① イ　隠顕　隠れる⇔顕れる
② エ　殉教　守って死ぬ←教えを
③ エ　叙景　文章にする←景色を
④ オ　無尽　尽きることがない
⑤ オ　未聞　聞いたことが未だない
⑥ ア　繊細　繊（細い）＝細
⑦ エ　贈賄　贈る←賄賂を
⑧ ア　紡績　紡（つむぐ）＝績
⑨ エ　免疫　免れる←疫病を
⑩ イ　去就　去る⇔就く

4 四字熟語

問1

① 合《がっ》従《しょう》連《れん》衡《こう》
状況に応じて国などが結びついたり離れたりすること。

② 内《ない》疎《そ》外《がい》親《しん》
心の中では嫌っているが、表面上は仲良くすること。

③ 朝《ちょう》令《れい》暮《ぼ》改《かい》
方針が頻繁に変わって定まらないこと。

④ 勇《ゆう》猛《もう》果《か》敢《かん》
困難を恐れず勢いのあること。

⑤ 妖《よう》言《げん》惑《わく》衆《しゅう》
いい加減なことを言いふらし人を混乱させること。

⑥ 孤《こ》城《じょう》落《らく》日《じつ》
昔の勢いがなくなって頼りなくなること。

⑦ 万《ばん》緑《りょく》一《いっ》紅《こう》
多数の中で一つだけ優れたものがあること。

⑧ 呉《ご》越《えつ》同《どう》舟《しゅう》
同じ目標のために敵味方が力を合わせること。

⑨ 羊《よう》質《しつ》虎《こ》皮《ひ》
見かけは立派だが中身が伴っていないこと。

⑩ 汎《はん》愛《あい》兼《けん》利《り》
全ての人を愛して公平に利益を分け合うこと。

問2

⑪ コ
⑫ キ
⑬ ク
⑭ カ
⑮ オ

5 対義語・類義語

対義語

① 純白⇔漆黒
② 特殊⇔普遍
③ 明瞭⇔曖昧
④ 陳腐⇔斬新
⑤ 喪失⇔獲得

類義語

⑥ 順次≒逐次
⑦ 熟知≒通暁
⑧ 変遷≒沿革
⑨ 指揮≒采配
⑩ 丈夫≒頑健

6 同音・同訓異字

① 疲労
② 披露
③ 渓谷
④ 警告
⑤ 捜索
⑥ 創作
⑦ 生還
⑧ 静観
⑨ 占
⑩ 締

7 誤字訂正

① 頭→謄
② 消→症
③ 許→拒
④ 議→儀
⑤ 刻→克

8 送りがな

① 虐げ
② 漬ける
③ 嘆く
④ 伸ばす
⑤ 懲らしめる

9 書き取り

① 漂着
② 衝突
③ 狭量
④ 喫茶
⑤ 土壌
⑥ 債権
⑦ 放浪
⑧ 埋蔵
⑨ 隔絶
⑩ 承諾
⑪ 羨望
⑫ 繭
⑬ 堀
⑭ 殴
⑮ 鐘
⑯ 蓋
⑰ 大股
⑱ 培
⑲ 穂先
⑳ 炊
㉑ 滑
㉒ 亡
㉓ 銘
㉔ 窮
㉕ 革袋

解説

1 読み

②泥炭…石炭の一種。泥状の炭。
③好尚…流行。好み。
⑥概括…簡単な要約にまとめること。
⑩福音…良い知らせ。キリストの教えのこと。
⑬虚空…空間。漠然としたもの。
⑳境涯…置かれた立場。身の上。

2 部首

⑤丘……部首が「一」の漢字は他に「且」「丙」がある。

5 対義語・類義語

⑨采配…軍勢を率いる際に用いる道具。指揮。

7 誤字訂正

①謄写…書き写すこと。

9 書き取り

③狭量…人を受け入れる心がせまいこと。
⑨隔絶…かけはなれること。
⑬堀……土地を掘って作った水路。
⑱培う…養い育てること。
㉓銘じる…深く心に刻むこと。

第7回 予想模擬テスト〈標準解答〉

本冊 P.42～P.47

1 読み

① ふうそう
② かいきょう
③ うんでい
④ ぼんよう
⑤ さいか
⑥ りこう
⑦ しさく
⑧ くどく
⑨ かつぼう
⑩ せんと
⑪ ばいかい
⑫ かくりょう
⑬ だっしゅう
⑭ れんま
⑮ けいりゅう
⑯ あいまい
⑰ ぞうお
⑱ ふんきゅう
⑲ きょうじん
⑳ しんぎ
㉑ ちぎ
㉒ ひい
㉓ よ
㉔ よい
㉕ さび
㉖ くき
㉗ さだ
㉘ ほたる
㉙ うるし
㉚ おもてざた

2 部首

① 口
② 犬
③ 氵
④ 口
⑤ 鼓
⑥ 穴
⑦ 斤
⑧ 亻
⑨ 力
⑩ 辛

3 熟語の構成

① イ　慶弔　慶事⇔弔事
② イ　親疎　親しい⇔疎い
③ ア　扶助　扶（助ける）＝助
④ ウ　懇請　心から→請う
⑤ ウ　河畔　河の→畔（ほとり）
⑥ ア　隠蔽　隠す＝蔽（かくす）
⑦ ア　模擬　模（まねる）＝擬
⑧ ウ　仙境　仙人が住む→場所
⑨ ア　霊魂　霊＝魂
⑩ エ　破戒　破る←戒めを

4 四字熟語

問1

① 小《しょう》心《しん》翼《よく》翼《よく》
気弱でいつもおどおどしているさま。

② 率《そっ》先《せん》垂《すい》範《はん》
だれよりも先頭に立って手本を示すこと。

③ 孤《こ》立《りつ》無《む》援《えん》
だれも助けに来ず一人ぼっちなこと。

④ 読《どく》書《しょ》百《ひゃっ》遍《ぺん》
難解な文章でも何度も読めば理解できること。

⑤ 粗《そ》製《せい》濫《らん》造《ぞう》
いい加減な作りの品物をたくさん作ってしまうこと。

⑥ 故《こ》事《じ》来《らい》歴《れき》
古くから伝わっている歴史や由来のこと。

⑦ 苛《か》政《せい》猛《もう》虎《こ》
民衆に厳しい政治は虎よりも恐ろしいものであること。

⑧ 粉《ふん》骨《こつ》砕《さい》身《しん》
持てる力を駆使して全力で頑張ること。

⑨ 緩《かん》急《きゅう》自《じ》在《ざい》
何事も意のままに操ることができること。

⑩ 免《めん》許《きょ》皆《かい》伝《でん》
師匠が弟子にすべてを教え、弟子がその道を修めること。

問2

⑪ イ
⑫ ア
⑬ コ
⑭ エ
⑮ キ

5 対義語・類義語

対義語

① 多弁⇔寡黙
② 固辞⇔快諾
③ 賢明⇔暗愚
④ 粗雑⇔緻密
⑤ 払底⇔潤沢

類義語

⑥ 貧困＝窮乏
⑦ 堅持＝墨守
⑧ 我慢＝忍耐
⑨ 死去＝他界
⑩ 展示＝陳列

6 同音・同訓異字

① 湖沼
② 呼称
③ 移管
④ 遺憾
⑤ 検挙
⑥ 謙虚
⑦ 私腹
⑧ 至福
⑨ 巣
⑩ 酢

7 誤字訂正

① 鉄→撤
② 丙→幣
③ 央→押
④ 団→壇
⑤ 江→洪

8 送りがな

① 遮る
② 掲げる
③ 損ねる
④ 伏せる
⑤ 飽きる

9 書き取り

① 重鎮
② 購買
③ 比肩
④ 搾取
⑤ 壮健
⑥ 穏便
⑦ 酵母
⑧ 概念
⑨ 哲学
⑩ 粘土
⑪ 狙撃
⑫ 異彩
⑬ 仰
⑭ 雨漏
⑮ 巧
⑯ 凍
⑰ 乾
⑱ 鯨
⑲ 崩
⑳ 瞳
㉑ 惨
㉒ 唇
㉓ 渋
㉔ 蛇
㉕ 器

解説

1 読み

①風霜…風と霜。年月。苦難や試練。
②懐郷…故郷を懐かしく思うこと。「懐郷病」でホームシック。
⑧功徳…功績と徳行。他人や世の中のためになる行い。
⑲凶刃…人を殺傷するために用いる刃物。
㉔宵……日が暮れてしばらくの時間。

2 部首

①喪……部首は「口」。

3 熟語の構成

⑧仙境…仙人が住むような、俗界から離れた土地。

5 対義語・類義語

⑦墨守…頑固に守る。中国の思想家・墨子が外敵から城を九回も守ったという故事から。

7 誤字訂正

③押印…はんこを押すこと。

9 書き取り

⑥穏便…かどを立てず穏やかに行うこと。
⑫異彩…独特で際立って見えるさま。
⑬仰せ…目上の人からの言いつけや命令。
⑮巧み…物事を手際よく成し遂げるさま。

第8回 予想模擬テスト〈標準解答〉

本冊 P.48 ～ P.53

1 読み

① ぎょうてん
② くんぷう
③ せんりつ
④ かよく
⑤ ひめん
⑥ ゆし
⑦ かんぼつ
⑧ りんり
⑨ りえき
⑩ るいせき
⑪ かこん
⑫ かんすい
⑬ くうどう
⑭ れいてつ
⑮ こうはい
⑯ そうかい
⑰ はんぷ
⑱ たんさく
⑲ はんれい
⑳ しゅくせい
㉑ つ
㉒ たてまつ
㉓ うた
㉔ つ
㉕ せ
㉖ も
㉗ はさ
㉘ あせ
㉙ やなぎ
㉚ おのれ

2 部首

① 一
② 山
③ 辰
④ 口
⑤ 宀
⑥ 舌
⑦ 衣
⑧ 羽
⑨ 手
⑩ 亀

3 熟語の構成

① エ 上棟 上げる↑棟を
② ア 報酬 報（むくいる）＝酬
③ エ 懐古 懐かしがる↑昔を
④ オ 未遂 未だ遂げられず
⑤ ウ 漆黒 漆を塗ったように↓黒い
⑥ ア 拙劣 拙（へたな）＝劣る
⑦ ウ 繊毛 細い↓毛
⑧ ウ 懇談 懇ろに↓談笑する
⑨ ウ 独吟 独りで↓吟じる
⑩ ア 英俊 英（すぐれた）＝俊

4 四字熟語

問1

① 外《がい》柔《じゅう》内《ない》剛《ごう》
外見は優しそうだが心の中はしっかりしていること。

② 刻《こっ》苦《く》勉《べん》励《れい》
苦労しながらも仕事などを頑張ること。

③ 面《めん》従《じゅう》腹《ふく》背《はい》
表面では従っているが心の中では反抗していること。

④ 眺《ちょう》望《ぼう》絶《ぜっ》佳《か》
目に見える景色がとても美しいこと。

⑤ 眉《び》目《もく》秀《しゅう》麗《れい》
顔立ちが整っていて美しいこと。

⑥ 謹《きん》厳《げん》実《じっ》直《ちょく》
とても真面目で律儀であること。

⑦ 温《おん》厚《こう》篤《とく》実《じつ》
優しく思いやりがあること。

⑧ 錦《きん》衣《い》玉《ぎょく》食《しょく》
とてもぜいたくな暮らしぶりのこと。

⑨ 犬《けん》牙《が》相《そう》制《せい》
国境が入り組んだ二つの国がけん制すること。

⑩ 傲《ごう》岸《がん》不《ふ》遜《そん》
いばり散らして他者を見下すこと。

問2

⑪ コ
⑫ イ
⑬ ク
⑭ エ
⑮ オ

5 対義語・類義語

対義語

① 酷暑⇔酷寒
② 飽食⇔飢餓
③ 冗漫⇔簡潔
④ 不足⇔過剰
⑤ 削除⇔添加

類義語

⑥ 降格≒左遷
⑦ 屋敷≒邸宅
⑧ 服従≒恭順
⑨ 頑丈≒堅固
⑩ 瞬時≒刹那

6 同音・同訓異字

① 均衡
② 近郊
③ 速攻
④ 側溝
⑤ 真偽
⑥ 審議
⑦ 炎症
⑧ 延焼
⑨ 犯
⑩ 冒

7 誤字訂正

① 喝→渇
② 九→駆
③ 層→巣
④ 似→荷
⑤ 負→怖

8 送りがな

① 培う
② 阻む
③ 賢い
④ 怪しん
⑤ 滴る

9 書き取り

① 普請
② 肝要
③ 覇気
④ 壮烈
⑤ 抱擁
⑥ 解雇
⑦ 悠久
⑧ 誘拐
⑨ 液晶
⑩ 変換
⑪ 藻
⑫ 哀
⑬ 促
⑭ 横殴
⑮ 片隅
⑯ 粘
⑰ 蚊
⑱ 岬
⑲ 催
⑳ 口癖
㉑ 撮
㉒ 鍋
㉓ 晩節
㉔ 破竹
㉕ 沸

解説

1 読み

①暁天…夜明け。
②薫風…青葉の香りを含んだ穏やかな風。
④寡欲…欲が少ないこと。
⑲凡例…本に書かれた、その目的・方針・書中の約束事など。
⑳粛清…厳しく取り締まること。

2 部首

③辱……部首が「辰」（しんのたつ）の漢字は他に「農」がある。

5 対義語・類義語

⑥左遷…低い官職・地位に落とすこと。

7 誤字訂正

①渇望…のどが渇いたときに水を欲しがるように、心から願うこと。

9 書き取り

①普請…家を建築したり、修理したりすること。
⑦悠久…果てしなく長く続くこと。
㉔破竹…竹が割れるように勢いがいいこと。

第9回 予想模擬テスト〈標準解答〉

本冊 P.54～P.59

1 読み

① へい
② しゅくん
③ しゅんしょう
④ とくれい
⑤ ぜんぷく
⑥ きょうらく
⑦ かんしつ
⑧ かぶん
⑨ さんか
⑩ ちせつ
⑪ はんざつ
⑫ へいよう
⑬ へいしゃ
⑭ じっせん
⑮ あいさつ
⑯ しんせき
⑰ かくせい
⑱ えっけん
⑲ かくじゅう
⑳ せんぱく
㉑ むね
㉒ どろなわ
㉓ は
㉔ ふ
㉕ きざ
㉖ やわ
㉗ な
㉘ つか
㉙ なご
㉚ ひじ

2 部首

① 口
② 麻
③ 酉
④ 山
⑤ 土
⑥ 木
⑦ 走
⑧ 矛
⑨ 卩
⑩ 斤

3 熟語の構成

① オ　不肖　親や師に似ていない
② ウ　顕在　顕れた↓在り方
③ イ　存廃　存続⇕廃止
④ ウ　財閥　財産のある↓閥（集団）
⑤ イ　繁閑　忙しい⇕暇
⑥ ア　伴侶　伴＝侶（連れ合い）
⑦ ア　糾弾　糾（ただす）＝弾
⑧ ア　憂患　憂える＝患
⑨ ウ　僅差　僅かな↓差
⑩ ウ　逓増　次第に↓増える

4 四字熟語

問1

① 抑《よく》揚《よう》頓《とん》挫《ざ》
話や文章の調子を上下して勢いを急に変えること。

② 誇《こ》大《だい》妄《もう》想《そう》
物事を実際より大きく評価すること。

③ 理《り》路《ろ》整《せい》然《ぜん》
話の内容や文章の筋道がきちんと通っていること。

④ 疾《しっ》風《ぷう》迅《じん》雷《らい》
動きや変化が素早く勢いがあるさま。

⑤ 遠《えん》慮《りょ》会《え》釈《しゃく》
他人を思いやり、控えめな態度を取ること。

⑥ 粒《りゅう》粒《りゅう》辛《しん》苦《く》
こつこつと地道に努力を重ねること。

⑦ 支《し》離《り》滅《めつ》裂《れつ》
意思の統一ができず、ばらばらであるさま。

⑧ 失《しつ》望《ぼう》落《らく》胆《たん》
期待が外れてとてもがっかりすること。

⑨ 遺《い》憾《かん》千《せん》万《ばん》
自分の思い通りにならず、残念で仕方ないこと。

⑩ 唯《ゆい》我《が》独《どく》尊《そん》
この世の中で自分が何よりも優れていると思うこと。

問2

⑪ イ
⑫ キ
⑬ オ
⑭ ウ
⑮ エ

5 対義語・類義語

対義語

① 反逆⇕恭順
② 粗略⇕丁寧
③ 絶賛⇕酷評
④ 過激⇕穏健
⑤ 新鋭⇕古豪

類義語

⑥ 折衝＝交渉
⑦ 難点＝欠陥
⑧ 手当＝報酬
⑨ 歳月＝星霜
⑩ 受胎＝妊娠

6 同音・同訓異字

① 官邸
② 鑑定
③ 吹奏
④ 水槽
⑤ 添乗
⑥ 天井
⑦ 懐柔
⑧ 怪獣
⑨ 隅
⑩ 墨

7 誤字訂正

① 城→醸
② 棒→膨
③ 幕→漠
④ 保→哺
⑤ 宜→偽

8 送りがな

① 揺れる
② 据わっ
③ 繕う
④ 施す
⑤ 譲る

9 書き取り

① 澄明
② 静粛
③ 奉納
④ 貴賓
⑤ 結晶
⑥ 慈善
⑦ 犠牲
⑧ 警鐘
⑨ 裁縫
⑩ 冒頭
⑪ 懇
⑫ 潤
⑬ 競
⑭ 端
⑮ 奪
⑯ 償
⑰ 濁
⑱ 埋
⑲ 継
⑳ 携
㉑ 怒
㉒ 呪
㉓ 蛍雪
㉔ 鶏口
㉕ 裸

解説

1 読み

②殊勲…格別の功績。
④督励…監督して激励すること。
⑩稚拙…幼稚で未熟なこと。
⑪煩雑…わずらわしく面倒なこと。
㉒泥縄…泥棒を捕まえてから縄を用意するように、物事が起きてから慌てて準備すること。

2 部首

②麻……2級の範囲で部首が「麻」なのはこの字だけ。

3 熟語の構成

⑧憂患…気がかり。

5 対義語・類義語

①恭順…命令にうやうやしく従うこと。

9 書き取り

①澄明…空気などが澄み切っていること。
⑧警鐘…危険を知らせるために鳴らす鐘。
⑪懇ろ…親密なこと。
㉓蛍雪…蛍の光や雪明かりで学ぶ。苦労して勉強すること。

第10回

予想模擬テスト〈標準解答〉

本冊 P.60〜P.65

1 読み

① しゅんさい
② かんきゃく
③ かんかつ
④ しんさん
⑤ めっきん
⑥ さくしゅ
⑦ だらく
⑧ きゅうせい
⑨ ゆうそう
⑩ しゅうわい
⑪ せんせい
⑫ じゅんしょく
⑬ かいゆ
⑭ らち
⑮ ちつじょ
⑯ びぼう
⑰ たいだ
⑱ はあく
⑲ たいよ
⑳ くちく
㉑ うやうや
㉒ いた
㉓ うぶゆ
㉔ ほうむ
㉕ けが
㉖ あわ
㉗ つつし
㉘ いど
㉙ あきら
㉚ なぞ

2 部首

① 大
② 殳
③ 木
④ 寸
⑤ 土
⑥ 髟
⑦ 立
⑧ 日
⑨ 頁
⑩ 日

3 熟語の構成

① オ　不偏　偏りがない
② ア　疾患　疾病≒患い
③ ア　搭乗　搭（のる）≒乗
④ エ　諭旨　諭す←内容や理由を
⑤ ア　赦免　赦（ゆるす）≒免
⑥ ウ　旅愁　旅で感じる→愁い
⑦ ア　和睦　和≒睦（親しくする）
⑧ ウ　尼僧　尼の→僧
⑨ イ　彼我　彼⇔我
⑩ エ　防疫　防ぐ←疫病を

4 四字熟語

問1

① 換《かん》骨《こつ》奪《だっ》胎《たい》
既にある作品を参考にして独自の作品を作ること。

② 要《よう》害《がい》堅《けん》固《ご》
防御が固く備えがしっかりしていること。

③ 周《しゅう》知《ち》徹《てっ》底《てい》
世間に広く知らせて情報を共有させること。

④ 襲《しゅう》名《めい》披《ひ》露《ろう》
名前を継いだことを知らしめること。

⑤ 堆《たい》金《きん》積《せき》玉《ぎょく》
財宝を集め巨万の富を築くこと。

⑥ 冷《れい》汗《かん》三《さん》斗《と》
極めて恐ろしい思いや恥ずかしい思いをすること。

⑦ 千《せん》紫《し》万《ばん》紅《こう》
色とりどりの花が咲きみだれること。

⑧ 荒《こう》唐《とう》無《む》稽《けい》
根拠がなくでたらめなこと。

⑨ 鼓《こ》舞《ぶ》激《げき》励《れい》
他人を応援して元気づけること。

⑩ 抜《ばつ》山《ざん》蓋《がい》世《せい》
とても強い力と気力を持ち勢いのあること。

問2

⑪ ア
⑫ オ
⑬ コ
⑭ ク
⑮ キ

5 対義語・類義語

対義語

① 栄転⇔左遷
② 軽侮⇔崇拝
③ 虚弱⇔頑健
④ 寛容⇔狭量
⑤ 衰亡⇔勃興

類義語

⑥ 反逆≒謀反
⑦ 工事≒普請
⑧ 中核≒枢軸
⑨ 一掃≒払拭
⑩ 計略≒策謀

6 同音・同訓異字

① 肯定
② 皇帝
③ 控訴
④ 酵素
⑤ 開墾
⑥ 悔恨
⑦ 糾明
⑧ 救命
⑨ 裏
⑩ 浦

7 誤字訂正

① 偽→欺
② 禍→過（苛）
③ 身→診
④ 床→礁
⑤ 砂→鎖

8 送りがな

① 装う
② 緩やかな
③ 嫁ぐ
④ 膨らま
⑤ 乏しい

9 書き取り

① 徐行
② 旋風
③ 遺漏
④ 洞察
⑤ 湾岸
⑥ 豪邸
⑦ 批准
⑧ 捜査
⑨ 陳腐
⑩ 廃材
⑪ 格調
⑫ 募
⑬ 唆
⑭ 惜
⑮ 紛
⑯ 彫
⑰ 粗
⑱ 巻
⑲ 解
⑳ 雇
㉑ 塗
㉒ 酔
㉓ 大樹
㉔ 鋳
㉕ 稲穂

解説

1 読み

②閑却…いい加減にほうっておくこと。
④辛酸…つらいこと。にがい経験。
⑥搾取…しぼること。また資本家が対価以上に労働者を働かせ利益を得ること。
⑩収賄…わいろを受け取ること。
贈賄…賄賂を贈ること。
⑭拉致…むりやり連れ去ること。
㉒悼む…人の死を嘆くこと。

2 部首

⑥髪……部首は「髟」（かみがしら）。

3 熟語の構成

④論旨…趣旨や理由をさとし告げること。

5 対義語・類義語

⑥謀反…時の権力者にそむくこと。

9 書き取り

①徐行…車両等が直ちに停止できるような速度で進行すること。
③遺漏…大事なことが抜け落ちていること。
⑦批准…条約に対する国家の最終的な確認・同意の手続。
㉔鋳型…溶かした金属を流し込み固めてものを作る型。

第11回 予想模擬テスト〈標準解答〉

本冊 P.66～P.71

1 読み

①そうと
②おうだ
③じぎ
④ろてい
⑤こすい
⑥はぎょう
⑦ほうきゅう
⑧あくへい
⑨びしゅう
⑩ほうちく
⑪しゃこう
⑫おくびょう
⑬ほうき
⑭ゆうごう
⑮ひゆ
⑯たいひ
⑰しゅういつ
⑱ふんさい
⑲ごうまん
⑳けんしょう
㉑あわ
㉒くつずみ
㉓かたよ
㉔ほ
㉕か
㉖まず
㉗わ
㉘あかつき
㉙き
㉚わず

2 部首

①火
②糸
③又
④衣
⑤革
⑥土
⑦戈
⑧色
⑨土
⑩目

3 熟語の構成

①イ　贈答　贈る⇔返す
②イ　雅俗　優雅⇔低俗
③オ　未了　未だ終わらない
④ウ　余韻　余った→韻（響き）
⑤ウ　懇望　心から→望む
⑥ア　危惧　危＝惧（あやぶむ）
⑦ア　開拓　開＝拓（ひらく）
⑧エ　献杯　さしあげる←杯を
⑨ウ　象牙　象の→牙
⑩イ　経緯　たて⇔よこ

4 四字熟語

問1

①吉《きっ》凶《きょう》禍《か》福《ふく》
おめでたいことと不吉なこと。

②酔《すい》生《せい》夢《む》死《し》
何もすることなく人生を終えること。

③東《とう》奔《ほん》西《せい》走《そう》
あっちこっちへかけ回ること。

④衆《しゅう》人《じん》環《かん》視《し》
周囲の大勢が見ていること。

⑤錦《きん》上《じょう》添《てん》花《か》
おめでたいことが重なって起きること。

⑥泰《たい》然《ぜん》自《じ》若《じゃく》
どんなことにも慌てず落ち着いていること。

⑦閑《かん》話《わ》休《きゅう》題《だい》
それてしまった話を元に戻すこと。

⑧清《せい》廉《れん》潔《けっ》白《ぱく》
心や行いが正しく後ろめたいことがないさま。

⑨進《しん》取《しゅ》果《か》敢《かん》
失敗を恐れずに取り組み決断力に富んでいること。

⑩怨《おん》親《しん》平《びょう》等《どう》
敵も味方も同じように扱うこと。

問2

⑪オ
⑫コ
⑬ウ
⑭ケ
⑮エ

5 対義語・類義語

対義語

① 国産⇔舶来
② 決裂⇔妥結
③ 禁欲⇔享楽
④ 設置⇔撤去
⑤ 覚醒⇔催眠

類義語

⑥ 気分＝機嫌
⑦ 心配＝憂慮
⑧ 監禁＝幽閉
⑨ 調停＝仲裁
⑩ 一般＝普遍

6 同音・同訓異字

① 渋滞
② 縦隊
③ 採譜
④ 財布
⑤ 下弦
⑥ 加減
⑦ 盆栽
⑧ 凡才
⑨ 殻
⑩ 唐

7 誤字訂正

① 線→栓
② 僕→撲
③ 住→充
④ 径→渓
⑤ 玄→幻

8 送りがな

① 醸す
② 侮る
③ 彩る
④ 朽ち
⑤ 伴っ

9 書き取り

① 功徳
② 飢餓
③ 潤滑
④ 亡者
⑤ 治癒
⑥ 緊迫
⑦ 豆腐
⑧ 詐称
⑨ 佳境
⑩ 繊細
⑪ 鑑定
⑫ 奏
⑬ 統
⑭ 緩
⑮ 兆
⑯ 廃
⑰ 宵越
⑱ 縁
⑲ 控
⑳ 押
㉑ 鍵
㉒ 憩
㉓ 彼岸
㉔ 泥
㉕ 由

解説

1 読み

①壮図…規模が大きな計画。
③時宜…時機が適していること。
⑤鼓吹…意見や主張を相手に吹き込むこと。
⑥覇業…力をもって天下を支配すること。
⑧悪弊…良くない習慣。
⑬蜂起…多くの者が一斉に暴動をおこすこと。

2 部首

⑤革……部首は「革」（かくのかわ）。

3 熟語の構成

⑤懇望…ひたすら願い望むこと。

5 対義語・類義語

①舶来…外国から運ばれてきたもの。

8 送りがな

①醸す…麹（コウジ）を発酵させる。雰囲気などを作り出す。

9 書き取り

④亡者…あるものに対する執念に取りつかれている人。
⑨佳境…興味深いところ。
㉓彼岸…春分の日・秋分の日を中日とした7日間のこと。

第12回 予想模擬テスト〈標準解答〉

本冊 P.72〜P.77

1 読み

①よくん
②ろけん
③ひんしゅつ
④もんぴ
⑤そうしん
⑥あいとう
⑦ふとん
⑧かんげん
⑨ねんぐ
⑩だみん
⑪しゃめん
⑫ねんざ
⑬さた
⑭るいけい
⑮いしゅく
⑯きんさ
⑰せんぼう
⑱はいおく
⑲しゅうとく
⑳すいしょう
㉑かつ
㉒す
㉓はすう
㉔もてあそ
㉕あば
㉖すす
㉗た
㉘ふもと
㉙は
㉚あ

2 部首

①女
②口
③罒
④歹
⑤玄
⑥巾
⑦殳
⑧鳥
⑨力
⑩曰

3 熟語の構成

①ウ　逓減　少しずつ↓減る
②ウ　妄想　むやみに↓想像する
③ウ　覇権　覇者の↓権力
④エ　克己　勝つ↑己に
⑤エ　籠城　籠もる↑城に
⑥ウ　禍根　災いの↓根本
⑦ウ　硝煙　火薬の↓煙
⑧ア　把握　把（にぎる）‖握
⑨ウ　雪渓　雪の↓渓谷
⑩イ　硬軟　硬い⇔軟らかい

4 四字熟語

問1

① 迅《じん》速《そく》果《か》断《だん》
物事を思い切りよく決めること。

② 飛《ひ》花《か》落《らく》葉《よう》
人生や世界のはかなさの例え。

③ 片《へん》言《げん》隻《せき》語《ご》
ほんのちょっとの短い言葉。

④ 空《くう》空《くう》漠《ばく》漠《ばく》
とりとめもなくぼんやりした様子。

⑤ 空《くう》中《ちゅう》楼《ろう》閣《かく》
実際からかけ離れた現実的ではない事柄。

⑥ 放《ほう》歌《か》高《こう》吟《ぎん》
周囲を気にせずに大声でうたうこと。

⑦ 活《かっ》殺《さつ》自《じ》在《ざい》
相手を思い通りに扱うこと。

⑧ 鯨《げい》飲《いん》馬《ば》食《しょく》
むやみやたらに食事をすること。

⑨ 報《ほう》怨《えん》以《い》徳《とく》
憎んでいても愛情をもって接すること。

⑩ 妖《よう》怪《かい》変《へん》化《げ》
人の理解の及ばない現象や生き物のこと。

問2

⑪カ
⑫ウ
⑬イ
⑭コ
⑮ク

5 対義語・類義語

対義語

① 個別⇔一斉
② 凡才⇔逸材
③ 病弱⇔壮健
④ 受諾⇔拒否
⑤ 融解⇔凝固

類義語

⑥ 阻害＝邪魔
⑦ 豊富＝潤沢
⑧ 是認＝肯定
⑨ 親族＝親戚
⑩ 道徳＝倫理

6 同音・同訓異字

① 生涯
② 渉外
③ 清澄
④ 整腸
⑤ 戦災
⑥ 繊細
⑦ 急患
⑧ 休刊
⑨ 漏
⑩ 盛

7 誤字訂正

① 節→窃
② 陪→培
③ 争→装
④ 採→栽
⑤ 木→墨

8 送りがな

① 挟む
② 潔く
③ 眺める
④ 厚い
⑤ 凍る

9 書き取り

① 欧米
② 既成
③ 渋滞
④ 車掌
⑤ 紛失
⑥ 祝儀
⑦ 福祉
⑧ 拡充
⑨ 帳簿
⑩ 過信
⑪ 懐
⑫ 偽
⑬ 経
⑭ 掃
⑮ 駆
⑯ 居候
⑰ 棚
⑱ 企
⑲ 貫
⑳ 炎
㉑ 帆
㉒ 泡
㉓ 仁術
㉔ 頭角
㉕ 縄

解説

1 読み

①余薫…あとまで残る香り。先人の残した恩恵。
⑤喪心…心をなくしたようにぼんやりする。失神する。
⑪赦免…罪をゆるすこと。
⑬沙汰…物事の善悪などを論じ定めること。
⑰羨望…うらやましく思うこと。

2 部首

⑤玄……部首が「玄」(げん)の漢字は他に「率」がある。

5 対義語・類義語

③壮健…丈夫で元気なこと。

9 書き取り

②既成…既にできあがっていること。
⑧拡充…設備などを拡張・充実させること。
⑩過信…自信を持ちすぎること。
⑮駆ける…速く走らせること。
⑱企てる…計画を立てること。
㉓仁術…仁徳を他者に施す方法。特に医術のこと。

第13回

予想模擬テスト〈標準解答〉

本冊 P.78～P.83

1 読み

① じみ
② せつゆ
③ しぎん
④ あんねい
⑤ ちょくめい
⑥ かいじゅう
⑦ せんきょう
⑧ さいせき
⑨ すんか
⑩ けんえき
⑪ ぎじ
⑫ すうじく
⑬ ばんしゃく
⑭ こっけい
⑮ はたん
⑯ きれつ
⑰ げねつ
⑱ ぐろう
⑲ さんいつ
⑳ しゅうしゅう
㉑ あ
㉒ あなど
㉓ のら
㉔ きわ
㉕ とむら
㉖ きわ
㉗ ちまなこ
㉘ さわ
㉙ はし
㉚ や

2 部首

① 衣
② 豕
③ 夊
④ 豸
⑤ 宀
⑥ 匚
⑦ 尸
⑧ 鬼
⑨ 几
⑩ 頁

3 熟語の構成

① ウ 奔流 激しい↓流れ
② イ 功罪 功績⇕罪過
③ エ 迎賓 迎える↑賓客を
④ ウ 銃創 銃弾でできた↓傷
⑤ エ 徹底 貫き通す↑底まで
⑥ ア 披露 披（ひらく）＝露
⑦ ア 禁錮 禁＝錮(閉じこめる)
⑧ ウ 盲信 やみくもに↓信じる
⑨ ア 叱責 叱る＝責める
⑩ ウ 狙撃 狙って↓撃つ

4 四字熟語

問1

① 忙《ぼう》中《ちゅう》有《ゆう》閑《かん》
せわしない時でも一息つく時くらいはあること。

② 勢《せい》力《りょく》伯《はく》仲《ちゅう》
お互いの強さに差がなく優劣がつけにくいこと。

③ 金《きん》科《か》玉《ぎょく》条《じょう》
必ず守らなければならない法律。

④ 抜《ばっ》本《ぽん》塞《そく》源《げん》
災難の原因を根本から取り除くこと。

⑤ 頓《とん》首《しゅ》再《さい》拝《はい》
頭を深く下げてお礼をすること。

⑥ 内《ない》憂《ゆう》外《がい》患《かん》
内部にも外部にも心配事があること。

⑦ 奮《ふん》励《れい》努《ど》力《りょく》
目標に向かってひたむきに頑張ること。

⑧ 質《しつ》実《じつ》剛《ごう》健《けん》
真面目でしっかりしていること。

⑨ 附《ふ》(付)和《わ》雷《らい》同《どう》
他人の考えや言動にすぐのせられてしまうこと。

⑩ 子《し》子《し》孫《そん》孫《そん》
末代まで続く限りということ。

問2

⑪ ア
⑫ キ
⑬ イ
⑭ エ
⑮ オ

5 対義語・類義語

対義語

① 自生⇔栽培
② 発病⇔治癒
③ 侵害⇔擁護
④ 巧遅⇔拙速
⑤ 詳細⇔概略

類義語

⑥ 処罰＝懲戒
⑦ 不意＝唐突
⑧ 沿革＝変遷
⑨ 頑迷＝偏屈
⑩ 適切＝妥当

6 同音・同訓異字

① 還元
② 管弦
③ 過敏
④ 花瓶
⑤ 平衡
⑥ 閉口
⑦ 廃棄
⑧ 排気
⑨ 尾
⑩ 緒

7 誤字訂正

① 靴→掘
② 冠→緩
③ 偽→犠
④ 観→鑑
⑤ 校→公

8 送りがな

① 唆し
② 潤う
③ 滞る
④ 拒む
⑤ 煙る

9 書き取り

① 懸案
② 紛糾
③ 把握
④ 弁償
⑤ 官邸
⑥ 潔癖
⑦ 負債
⑧ 食卓
⑨ 伴奏
⑩ 威嚇
⑪ 特殊
⑫ 欺
⑬ 悼
⑭ 礎
⑮ 鍛
⑯ 臨
⑰ 歯茎
⑱ 磨
⑲ 戻
⑳ 吐
㉑ 腕
㉒ 寝
㉓ 雲泥
㉔ 基
㉕ 釜

解説

1 読み

①滋味…栄養豊富な食べ物。
②説諭…悪い行いを改めるよう言い聞かせること。
③詩吟…漢詩に節をつけて吟じるもの。
⑤勅命…天皇の命令。
⑩検疫…外国から感染症や病原体が入らないよう、検査・隔離・消毒すること。
⑱愚弄…ばかにしてからかうこと。

2 部首

②豪……部首が「豕」（ぶた）の漢字は他に「象」「豚」がある。
⑥匠……部首が「匚」（はこがまえ）の漢字は2級ではこれだけ。形の似た「匸」（かくしがまえ）が部首の漢字は「匿」「匹」「医」「区」がある。

5 対義語・類義語

④巧遅…出来は良いが仕事が遅い。拙速…出来は悪いが仕事が速い。

9 書き取り

②紛糾…意見や主張が対立してもめること。
⑩威嚇…相手を脅かすこと。
㉔大疑は大悟の基…大いに疑問を持つことは、のちに大きな悟りを開くもとになるということ。

第14回 予想模擬テスト〈標準解答〉

本冊 P.84～P.89

1 読み

① さいご
② てんか
③ そうくつ
④ しんちょく
⑤ せいがん
⑥ かせん
⑦ もうじゃ
⑧ さいやく
⑨ じゅんぼく
⑩ ろうじょう
⑪ じょう
⑫ やっかん
⑬ やっき
⑭ いっぴん
⑮ せんかい
⑯ せんか
⑰ ていさつ
⑱ しょみん
⑲ しゃだん
⑳ ひんぱん
㉑ うぶぎ
㉒ から
㉓ おお
㉔ ひとがき
㉕ とこなつ
㉖ かた
㉗ つくろ
㉘ わずら
㉙ つぶ
㉚ は

2 部首

① 虫
② 又
③ 广
④ 虍
⑤ 頁
⑥ 宀
⑦ 鼻
⑧ 片
⑨ 罒
⑩ 羽

3 熟語の構成

① オ 不浄 清らかでない
② ウ 謹呈 つつしんで↓差し上げる
③ ウ 弔辞 弔いの↓言葉
④ ア 解剖 解‖剖（わける）
⑤ イ 毀誉 毀(そし)る⇕誉める
⑥ ウ 抹茶 粉末にした↓お茶
⑦ エ 検疫 検査する↑疫病を
⑧ ア 嫌忌 嫌‖忌
⑨ ア 充満 充‖満
⑩ エ 配膳 配る↑お膳を

4 四字熟語

問1

① 良《りょう》風《ふう》美《び》俗《ぞく》
清廉で健康的な習慣のこと。

② 高《こう》論《ろん》卓《たく》説《せつ》
極めてすぐれた意見のこと。

③ 春《しゅん》日《じつ》遅《ち》遅《ち》
春はのどかで日がゆっくりと暮れること。

④ 雄《ゆう》心《しん》勃《ぼっ》勃《ぼつ》
勇気がどんどんあふれてくること。

⑤ 拍《はく》手《しゅ》喝《かっ》采《さい》
大勢が褒めたたえること。

⑥ 酒《しゅ》池《ち》肉《にく》林《りん》
ぜい沢を極めた宴のこと。

⑦ 天《てん》衣《い》無《む》縫《ほう》
作為的なものが見えず自然なさま。

⑧ 雲《うん》水《すい》行《あん》脚《ぎゃ》
僧が各地をめぐりながら修行すること。

⑨ 沃《よく》野《や》千《せん》里《り》
豊かな大地が見渡す限り広がっていること。

⑩ 栄《えい》枯《こ》盛《せい》衰《すい》
勢いが強くなる時もあれば弱まる時もあること。

問2

⑪ イ
⑫ オ
⑬ ウ
⑭ カ
⑮ ア

5 対義語・類義語

対義語

①厳格⇔寛容
②更生⇔堕落
③総合⇔分析
④理論⇔実践
⑤妥結⇔決裂

類義語

⑥激怒＝憤慨
⑦省略＝割愛
⑧考慮＝酌量
⑨歳月＝光陰
⑩平穏＝安泰

6 同音・同訓異字

①冒頭
②暴騰
③閑静
④管制
⑤破棄
⑥覇気
⑦警鐘
⑧継承
⑨駆
⑩刈

7 誤字訂正

①倍→賠
②校→講
③禁→緊
④巻→還
⑤明→迷

8 送りがな

①廃れ
②醜い
③妨げ
④怠る
⑤催す

9 書き取り

①点滴
②余剰
③孤独
④過疎
⑤処遇
⑥抗菌
⑦擁護
⑧粉砕
⑨幻滅
⑩財布
⑪優秀
⑫削
⑬瀬
⑭伴
⑮隅
⑯翻
⑰脅
⑱励
⑲瓦
⑳咲
㉑嵐
㉒誘
㉓悪銭
㉔氏神
㉕魂

解説

1 読み

①最期…命の終わるとき。
④進捗…物事がはかどること。
⑫約款…条約・契約に定められている個々の決まりごと。
⑬躍起…むきになること。
㉔人垣…多くの人が垣根のように立ち並ぶこと。

2 部首

⑦鼻……2級の範囲で部首が「鼻」（はな）の漢字はこれだけ。

3 熟語の構成

②謹呈…つつしんで差し上げる。物を贈るときに使う言葉。

5 対義語・類義語

⑧酌量…米などの量を測ること。転じて処分に当たり事情を考慮すること。

9 書き取り

④過疎…地域の人口が減ってしまうこと。
⑦擁護…危害からかばうこと。
養護…養育し保護すること。
㉓悪銭…悪いことをして得たお金のこと。

第15回 予想模擬テスト〈標準解答〉

本冊 P.90〜P.95

1 読み

①はいえつ
②けんあん
③ゆさん
④とくそく
⑤めいさつ
⑥しょうかん
⑦きょうきん
⑧きゅうだん
⑨くんこう
⑩ぼんのう
⑪かっこ
⑫そうさく
⑬しゅうげん
⑭しが
⑮てっぱい
⑯しっこく
⑰そうしつ
⑱ぐち
⑲ほそく
⑳きょうりゅう
㉑いきどお
㉒たてつぼ
㉓かんば
㉔てぎわ
㉕はか
㉖とどこお
㉗うらや
㉘さ
㉙むさぼ
㉚そこ

2 部首

①艹
②舟
③釆
④走
⑤尸
⑥骨
⑦巾
⑧日
⑨頁
⑩戸

3 熟語の構成

①オ　不祥　めでたくない
②エ　随意　まかせる←意に
③イ　長幼　年長者⇔年少者
④ア　放逐　放＝逐（追いはらう）
⑤オ　無粋　粋でない
⑥ア　玩弄　玩（もてあそぶ）＝弄
⑦エ　免租　免除する←租税を
⑧エ　遷都　移す←都を
⑨ウ　筆禍　著作物による→災い
⑩ア　甲殻　甲＝殻

4 四字熟語

問1

① 文《ぶん》人《じん》墨《ぼっ》客《かく》
優雅で趣のある芸術を創作する人のこと。

② 生《せい》生《せい》流《る》転《てん》
すべての物は絶えず変化し続けているということ。

③ 陶《とう》犬《けん》瓦《が》鶏《けい》
形は立派でも役には立たないもののこと。

④ 盲《もう》亀《き》浮《ふ》木《ぼく》
出会うことがめったにないこと。

⑤ 困《こん》苦《く》窮《きゅう》乏《ぼう》
必要なものが足りないほどに生活に困ること。

⑥ 先《せん》憂《ゆう》後《こう》楽《らく》
だれよりも先に心配し、他より遅れて楽しむこと。

⑦ 巧《こう》遅《ち》拙《せっ》速《そく》
出来が悪くても早いほうがいいということ。

⑧ 西《さい》方《ほう》浄《じょう》土《ど》
はるかかなたにあるという極楽世界のこと。

⑨ 博《はく》覧《らん》強《きょう》記《き》
いろいろな本を読んで内容をしっかり覚えていること。

⑩ 熱《ねつ》願《がん》冷《れい》諦《てい》
真剣に求めると同時に本質を見極めること。

問2

⑪コ
⑫ウ
⑬カ
⑭ク
⑮エ

5 対義語・類義語

対義語

① 下賜⇔献上
② 蓄積⇔消耗
③ 貫徹⇔挫折
④ 概略⇔委細
⑤ 清浄⇔汚濁

類義語

⑥ 安泰＝安寧
⑦ 秀抜＝秀逸
⑧ 全快＝平癒
⑨ 寄与＝貢献
⑩ 将来＝前途

6 同音・同訓異字

① 銃刀
② 充当
③ 防疫
④ 貿易
⑤ 類型
⑥ 累計
⑦ 総裁
⑧ 相殺
⑨ 乾
⑩ 渇

7 誤字訂正

① 優→裕
② 波→把
③ 激→撃
④ 永→影
⑤ 迷→鳴

8 送りがな

① 凝る
② 辱め
③ 鍛える
④ 慕われる
⑤ 滑らかな

9 書き取り

① 愛想
② 締結
③ 暫定
④ 病巣
⑤ 厳粛
⑥ 虚空
⑦ 近郊
⑧ 添削
⑨ 古墳
⑩ 披露
⑪ 沈黙
⑫ 諭
⑬ 滴
⑭ 履
⑮ 糧
⑯ 溝
⑰ 幻
⑱ 嫁
⑲ 怪
⑳ 浅瀬
㉑ 虹
㉒ 賢
㉓ 水泡
㉔ 憎
㉕ 袖

解説

1 読み

①拝謁…身分の高い人に会う。
③遊山…野山などに遊びに出かけること。レジャー。
⑤名刹…名高いお寺のこと。
⑦胸襟…胸の内。心の中。
⑬祝言…祝いの言葉。結婚式。
⑭歯牙…歯と牙。「歯牙にもかけない」で問題にせず無視する意味。

2 部首

⑥骨……部首は「骨」（ほね）。

3 熟語の構成

⑥玩弄…遊び道具としてもてあそぶこと。

5 対義語・類義語

③挫折…計画などが途中で失敗すること。その結果に落ち込むこと。

9 書き取り

③暫定…とりあえず定めること。
⑧添削…文章を削ったり書き加えたりすること。
㉓水泡…無駄になることのたとえ。水の泡。

2級

―新出― 漢字表

漢字表の見方

- 読み
  - ・音読み…カタカナ
  - ・訓読み…ひらがな
  - ・送り仮名は細字
  - ・(高)つきの読み…高校以上で習う読み
- よく出る熟語
- 部首

[ ]内の字体は許容字体

漢字	読み	よく出る熟語	部首
挨	アイ	挨拶	扌てへん
曖	アイ	曖昧	日ひへん
宛	あてる	宛て字　宛先	宀うかんむり
嵐	あらし	砂嵐　山嵐	山やま
畏	イ　おそれる	畏敬　畏怖	田た
萎	イ　なえる	萎縮	艹くさかんむり
椅	イ	椅子	木きへん
彙	イ	彙報　語彙	彑けいがしら
咽	イン	咽喉　咽頭	口くちへん
[淫]淫	イン　(高)みだら	淫虐　邪淫	氵さんずい
唄	うた	小唄　長唄	口くちへん
鬱	ウツ	鬱屈　憂鬱	鬯ちょう
怨	(高)エン　オン	怨念　怨霊	心こころ
艶	(高)エン　つや	艶消し　艶事	色いろ
旺	オウ	旺盛	日ひへん
臆	オク	臆測　臆病	月にくづき
俺	おれ	俺達　俺様	亻にんべん
苛	カ	苛酷　苛烈	艹くさかんむり
[牙]牙	(高)ガ　ゲ　きば	牙城　象牙	牙きば
瓦	(高)ガ　かわら	瓦屋根　鬼瓦	瓦かわら
楷	カイ	楷書	木きへん
潰	カイ　つぶす　つぶれる	決潰　倒潰	氵さんずい
諧	カイ	諧調　俳諧	言ごんべん
崖	ガイ　がけ	崖下　断崖	山やま
蓋	ガイ　ふた	天蓋　火蓋	艹くさかんむり
骸	ガイ	骸骨　形骸	骨ほねへん
柿	かき	柿渋　甘柿	木きへん
顎	ガク　あご	顎関節　上顎	頁おおがい
[葛]葛	(高)カツ　くず	葛藤　葛根湯	艹くさかんむり
釜	かま	釜飯　土釜	金かね
鎌	かま	鎌首　鎌倉	金かねへん
韓	カン	韓国　三韓	韋なめしがわ

※部首の名称は、代表的なものを掲載しています。

漢字	読み	用例	部首
玩	**ガン**	玩具　愛玩	王《おうへん たまへん》
伎	**キ**	歌舞伎	亻《にんべん》
亀	**キ** **かめ**	亀甲　亀裂	亀《かめ》
毀	**キ**	毀損　毀誉	殳《るまた ほこづくり》
畿	**キ**	畿内　近畿	田《た》
臼	**キュウ** **うす**	臼歯　脱臼	臼《うす》
［嗅］嗅	**キュウ** **か**ぐ	嗅覚	口《くちへん》
巾	**キン**	巾着　頭巾	巾《はば》

漢字	読み	用例	部首
［僅］僅	**キン** **わず**か	僅差　僅少	亻《にんべん》
錦	**キン** **にしき**	錦秋　錦絵	金《かねへん》
［惧］惧	**グ**	危惧　憂惧	忄《りっしんべん》
串	**くし**	串団子　玉串	丨《ぼう たてぼう》
窟	**クツ**	巣窟　洞窟	穴《あなかんむり》
詣	㊖**ケイ** **もう**でる	初詣　参詣	言《ごんべん》
憬	**ケイ**	憧憬	忄《りっしんべん》

漢字	読み	用例	部首
［稽］稽	**ケイ**	稽古　滑稽	禾《のぎへん》
隙	㊖**ゲキ** **すき**	隙間　手隙	阝《こざとへん》
桁	**けた**	桁外れ　橋桁	木《きへん》
拳	**ケン** **こぶし**	拳法　鉄拳	手《て》
鍵	**ケン** **かぎ**	鍵盤　鍵穴	金《かねへん》
舷	**ゲン**	舷窓　右舷	舟《ふねへん》
股	**コ** **また**	股間　四股	月《にくづき》
虎	**コ** **とら**	虎穴　猛虎	虍《とらがしら とらかんむり》
錮	**コ**	禁錮　党錮	金《かねへん》

漢字	読み	用例	部首
勾	**コウ**	勾配　勾留	勹《つつみがまえ》
梗	**コウ**	梗塞　梗概	木《きへん》
喉	**コウ** **のど**	喉頭　喉元	口《くちへん》
乞	**こ**う	雨乞い　命乞い	乙《おつ》
傲	**ゴウ**	傲然　傲慢	亻《にんべん》
駒	**こま**	駒鳥　持ち駒	馬《うまへん》
頃	**ころ**	手頃　日頃	頁《おおがい》
痕	**コン** **あと**	血痕　弾痕	疒《やまいだれ》
沙	**サ**	沙汰	氵《さんずい》
挫	**ザ**	挫折　捻挫	扌《てへん》

漢字	読み	用例	部首
采	サイ	采配　喝采	采《のごめ》
塞	サイ　ソク　ふさがる　ふさぐ	城塞　閉塞	土《つち》
柵	サク	城柵　鉄柵	木《きへん》
刹	㊂サツ　セツ	刹那　羅刹	刂《りっとう》
拶	サツ	挨拶	扌《てへん》
斬	ザン　きる	斬殺　斬新	斤《おのづくり》
恣	シ	恣意的	心《こころ》
摯	シ	真摯	手《て》
[餌]餌	㊂ジ　え　えさ	餌食　餌場	飠《しょくへん》
叱	シツ　しかる	叱責　叱声	口《くちへん》
嫉	シツ	嫉妬	女《おんなへん》
腫	シュ　はらす　はれる	腫瘍　肉腫	月《にくづき》
呪	ジュ　のろう	呪文　呪術	口《くちへん》
袖	㊂シュウ　そで	小袖　半袖	衤《ころもへん》
羞	シュウ	羞恥　含羞	羊《ひつじ》
蹴	シュウ　ける	蹴爪　一蹴	足《あしへん》
憧	ショウ　あこがれる	憧憬	忄《りっしんべん》
拭	㊂ショク　ぬぐう　ふく	手拭き　尻拭い	扌《てへん》
尻	しり	尻餅　目尻	尸《かばね しかばね》
芯	シン	替芯　鉄芯	艹《くさかんむり》
腎	ジン	腎臓　肝腎	肉《にく》
須	ス	急須　必須	頁《おおがい》
裾	すそ	裾野　山裾	衤《ころもへん》
凄	セイ	凄惨　凄絶	冫《にすい》
醒	セイ	覚醒	酉《とりへん》
脊	セキ	脊椎　脊柱	肉《にく》
戚	セキ	親戚	戈《ほこづくり ほこがまえ》
[煎]煎	セン　いる	煎茶　煎薬	灬《れんが れっか》
羨	㊂セン　うらやましい　うらやむ	羨望　羨慕	羊《ひつじ》
腺	セン	汗腺　涙腺	月《にくづき》
[詮]詮	セン	詮索　詮議	言《ごんべん》

漢字	読み	用例	部首
［箋］箋	**セン**	便箋　付箋	⺮《たけかんむり》
膳	**ゼン**	配膳　食膳	月《にくづき》
狙	**ソ** **ねら**う	狙撃	犭《けものへん》
［遡］遡	高**ソ** **さかのぼ**る	遡行　遡及	辶《しんにゅう しんにょう》
曽	**ソウ** **ゾ**	曽祖父　未曽有	曰《ひらび いわく》
爽	**ソウ** **さわ**やか	爽快　爽然	大《だい》
痩	高**ソウ** **や**せる	着痩せ　夏痩せ	疒《やまいだれ》
踪	**ソウ**	失踪	𧾷《あしへん》

漢字	読み	用例	部首
捉	**ソク** **とら**える	促進　捕捉	扌《てへん》
［遜］遜	**ソン**	遜色　不遜	辶《しんにゅう しんにょう》
汰	**タ**	沙汰	氵《さんずい》
唾	**ダ** **つば**	唾液　眉唾	口《くちへん》
堆	**タイ**	堆積　堆肥	土《つちへん》
戴	**タイ**	戴冠　頂戴	戈《ほこづくり ほこがまえ》
誰	**だれ**	誰彼	言《ごんべん》
旦	**タン** **ダン**	旦那　元旦	日《ひ》
綻	**タン** **ほころ**びる	破綻	糸《いとへん》

漢字	読み	用例	部首
緻	**チ**	緻密　精緻	糸《いとへん》
酎	**チュウ**	焼酎	酉《とりへん》
貼	**チョウ** **は**る	貼用　貼付	貝《かいへん》
［嘲］嘲	**チョウ** **あざけ**る	嘲笑　自嘲	口《くちへん》
［捗］捗	**チョク**	進捗	扌《てへん》
椎	**ツイ**	椎間板　胸椎	木《きへん》
爪	**つま** **つめ**	爪先　深爪	爪《つめ》
鶴	**つる**	千羽鶴　折鶴	鳥《とり》

漢字	読み	用例	部首
諦	**テイ** **あきら**める	諦観　諦念	言《ごんべん》
［溺］溺	**デキ** **おぼ**れる	溺愛　溺死	氵《さんずい》
［塡］塡	**テン**	装塡　補塡	土《つちへん》
妬	**ト** **ねた**む	嫉妬	女《おんなへん》
［賭］賭	高**ト** **か**ける	賭け事	貝《かいへん》
藤	**トウ** **ふじ**	藤色　葛藤	艹《くさかんむり》
瞳	**ドウ** **ひとみ**	瞳孔　散瞳	目《めへん》

漢字	読み	用例	部首
頓	**トン**	頓着　整頓	頁 おおがい
貪	**ドン**　**むさぼ**る	貪欲	貝 かい こがい
丼	**どん**　**どんぶり**	牛丼　天丼	丶 てん
那	**ナ**	刹那　旦那	阝 おおざと
謎［謎］	**なぞ**	謎解き　謎謎	言 ごんべん
鍋	**なべ**	土鍋　夜鍋	金 かねへん
匂	**にお**う	匂い油	勹 つつみがまえ
虹	**にじ**	朝虹	虫 むしへん
捻	**ネン**	捻挫　捻出	扌 てへん

漢字	読み	用例	部首
罵	**バ**　**ののし**る	罵声　罵倒	罒 あみがしら あみめ よこめ
剥［剝］	**ハク**　**はが**す　**はが**れる　**は**ぐ　**は**げる	剥製　剥離	刂 りっとう
箸［箸］	**はし**	菜箸　火箸	⺮ たけかんむり
氾	**ハン**	氾濫	氵 さんずい
汎	**ハン**	汎用　汎称	氵 さんずい
斑	**ハン**	斑点　斑文	文 ぶん
眉	(高)**ビ**　**ミ**　**まゆ**	眉間　眉毛	目 め

漢字	読み	用例	部首
膝	**ひざ**	膝枕　膝元	月 にくづき
肘	**ひじ**	肘掛け　肩肘	月 にくづき
訃	**フ**	訃報	言 ごんべん
蔽［蔽］	**ヘイ**	隠蔽　遮蔽	艹 くさかんむり
餅［餅］	**ヘイ**　**もち**	餅屋　煎餅	飠 しょくへん
璧	**ヘキ**	完璧　双璧	玉 たま
蔑	**ベツ**　**さげす**む	軽蔑　侮蔑	艹 くさかんむり
哺	**ホ**	哺乳類	口 くちへん

漢字	読み	用例	部首
蜂	**ホウ**　**はち**	蜂起　養蜂	虫 むしへん
貌	**ボウ**	全貌　美貌	豸 むじなへん
頬［頰］	**ほお**	頬擦り　頬張る	頁 おおがい
睦	**ボク**	親睦　和睦	目 めへん
勃	**ボツ**	勃発　勃興	力 ちから
昧	**マイ**	曖昧　三昧	日 ひへん
枕	**まくら**	夢枕　腕枕	木 きへん
蜜	**ミツ**	蜜月　蜂蜜	虫 むし
冥	(高)**ミョウ**　**メイ**	冥福　冥土	冖 わかんむり

漢字	読み	用例	部首
麺	**メン**	麺棒　乾麺	麦《ばくにょう》
冶	**ヤ**	冶金　陶冶	冫《にすい》
弥	**や**	弥生	弓《ゆみへん》
闇	**やみ**	闇雲　夕闇	門《もんがまえ》
[喻]喩	**ユ**	暗喩　比喩	口《くちへん》
湧	**ユウ** **わ**く	湧出　湧水	氵《さんずい》
妖	**ヨウ** **あや**しい	妖精　妖怪	女《おんなへん》
瘍	**ヨウ**	潰瘍　腫瘍	疒《やまいだれ》
沃	**ヨク**	沃野　肥沃	氵《さんずい》
拉	**ラ**	拉致	扌《てへん》
辣	**ラツ**	悪辣　辛辣	辛《からい》
藍	㊂**ラン** **あい**	藍色　藍染め	艹《くさかんむり》
璃	**リ**	浄瑠璃	王《おうへん たまへん》
慄	**リツ**	慄然　戦慄	忄《りっしんべん》
侶	**リョ**	伴侶　僧侶	亻《にんべん》
瞭	**リョウ**	瞭然　明瞭	目《めへん》
瑠	**ル**	瑠璃色	王《おうへん たまへん》
呂	**ロ**	風呂　語呂	口《くち》
賂	**ロ**	賄賂	貝《かいへん》
弄	**ロウ** **もてあそ**ぶ	弄筆　愚弄	廾《こまぬき にじゅうあし》
籠	㊂**ロウ** **かご** **こ**もる	籠枕　揺り籠	竹《たけかんむり》
麓	**ロク** **ふもと**	山麓	木《き》
脇	**わき**	脇役　脇腹	月《にくづき》

解答を書く際の注意点

受験前に漢検の採点基準をチェックしておきましょう。

書き問題

・**楷書でていねいに書く**

くずし字や雑に書かれた字は採点の対象外です

・**常用漢字表に書かれた字体で書く**

2級では、平成22年内閣告示「常用漢字表」に書かれた字体で答えます

異体字、旧字体は正解になりませんが、一部許容字体があります（漢字表参照）

読み問題

・**常用漢字表に従う**

・**現代仮名使いで答える**

・**送りがなは内閣告示「送り仮名の付け方」による**

・**部首は『漢検要覧　2級～10級対応』による**

本書の模擬テスト、標準解答、新出漢字表はこの基準に従って作成しました。

より詳しく基準を知りたい方は『漢検要覧　2級～10級対応』で確認されることをお勧めします。

間違いやすいポイントを押さえよう！

1. 画数を正しく書く

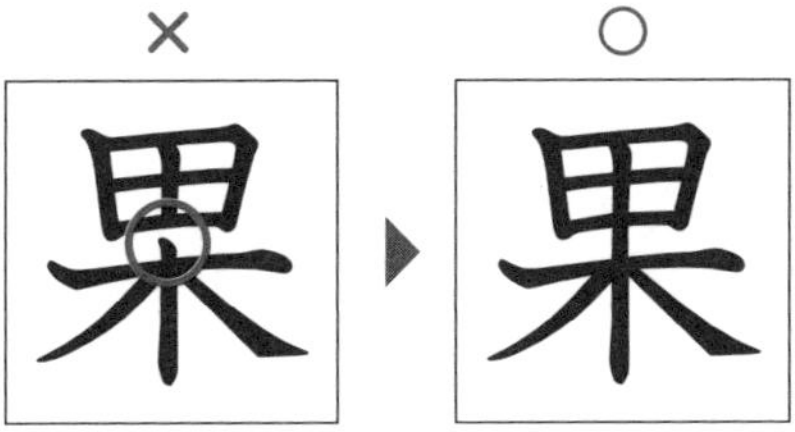

×の字は、1画で書くべき縦棒が途中で切れて、2画で書いたように見える

2. 配置をきちんと書く

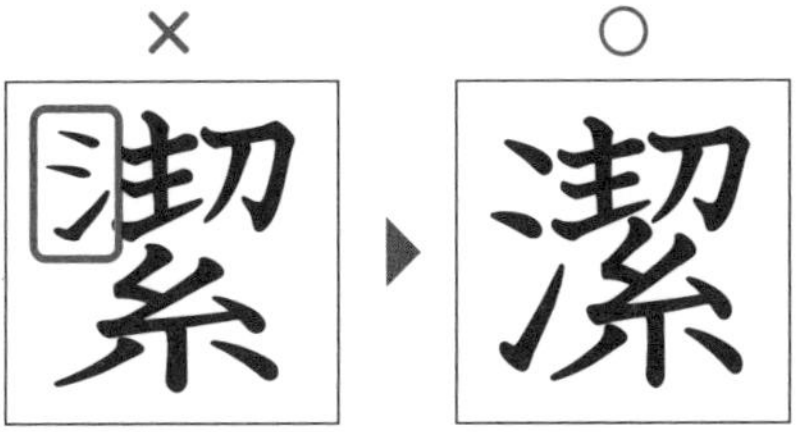

字の組み立て（パーツの配置）が違う。氵は、糸の左側に入る

3. 突き出す、接する部分をていねいに書く

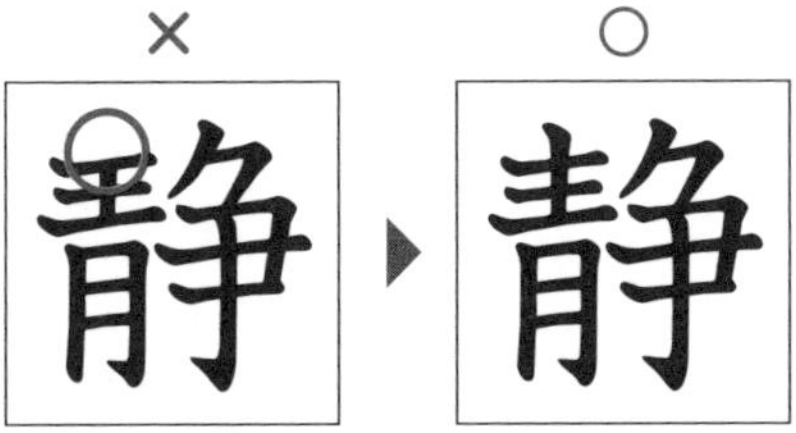

突き出すべき部分が出ていない

4. 手書き文字と印刷字体が違う場合

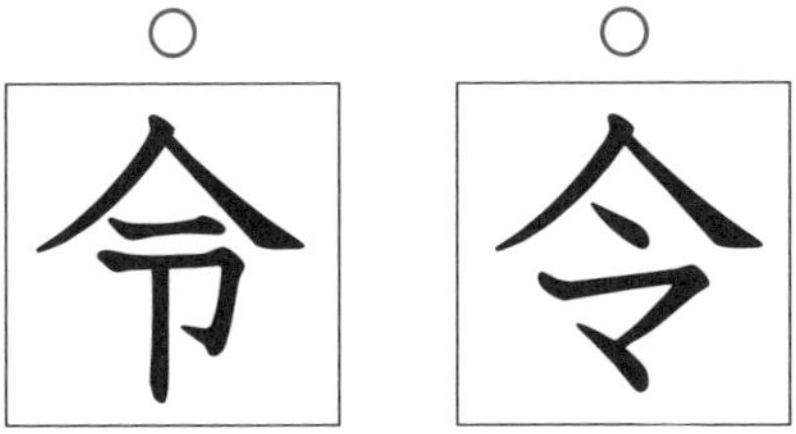

どちらでもOK。
ただ許容かどうか1字ずつ覚えるのは大変なので、漢字表の通りに書くくせをつけよう

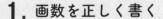

弱点が見つかる！

分野別採点表

	読み	部首	熟語の構成	四字熟語		対義語・類義語	同音・同訓異字	誤字訂正	送りがな	書き取り	合計 合格基準160点
				書き	意味						
1回	/30	/10	/20	/20	/10	/20	/20	/10	/10	/50	/200
2回	/30	/10	/20	/20	/10	/20	/20	/10	/10	/50	/200
3回	/30	/10	/20	/20	/10	/20	/20	/10	/10	/50	/200
4回	/30	/10	/20	/20	/10	/20	/20	/10	/10	/50	/200
5回	/30	/10	/20	/20	/10	/20	/20	/10	/10	/50	/200
野別小計	目標 143/150	目標 40/50	目標 80/100	目標 80/100	目標 45/50	目標 85/100	目標 85/100	目標 40/50	目標 45/50	目標 213/250	
点率	%	%	%	%	%	%	%	%	%	%	

	読み	部首	熟語の構成	四字熟語		対義語・類義語	同音・同訓異字	誤字訂正	送りがな	書き取り	合計 合格基準160点
				書き	意味						
6回	/30	/10	/20	/20	/10	/20	/20	/10	/10	/50	/200
7回	/30	/10	/20	/20	/10	/20	/20	/10	/10	/50	/200
8回	/30	/10	/20	/20	/10	/20	/20	/10	/10	/50	/200
9回	/30	/10	/20	/20	/10	/20	/20	/10	/10	/50	/200
0回	/30	/10	/20	/20	/10	/20	/20	/10	/10	/50	/200
野別小計	目標 143/150	目標 40/50	目標 80/100	目標 80/100	目標 45/50	目標 85/100	目標 85/100	目標 40/50	目標 45/50	目標 213/250	
点率	%	%	%	%	%	%	%	%	%	%	

	読み	部首	熟語の構成	四字熟語		対義語・類義語	同音・同訓異字	誤字訂正	送りがな	書き取り	合計 合格基準160点
				書き	意味						
1回	/30	/10	/20	/20	/10	/20	/20	/10	/10	/50	/200
2回	/30	/10	/20	/20	/10	/20	/20	/10	/10	/50	/200
3回	/30	/10	/20	/20	/10	/20	/20	/10	/10	/50	/200
4回	/30	/10	/20	/20	/10	/20	/20	/10	/10	/50	/200
5回	/30	/10	/20	/20	/10	/20	/20	/10	/10	/50	/200
野別小計	目標 143/150	目標 40/50	目標 80/100	目標 80/100	目標 45/50	目標 85/100	目標 85/100	目標 40/50	目標 45/50	目標 213/250	
点率	%	%	%	%	%	%	%	%	%	%	